科学健身指导丛书

科学运动　健康减肥

国家体育总局　编

人民体育出版社

序

1995年6月20日，国务院颁布《全民健身计划纲要》，自此，我国的群众体育事业驶入了健康、快速的发展轨道，亲民、便民、利民的全民健身服务体系造福千家万户，广大人民群众以极大的热情投身全民健身行列，汇聚成汹涌澎湃的健身世纪潮。《纲要》实施十六年来，我国城乡居民的健身意识普遍增强，群众性体育健身活动广泛开展，国民体质状况逐步改善，具有中国特色的全民健身体系基本建成。特别是北京奥运会后，胡锦涛总书记提出了进一步推动我国由体育大国向体育强国迈进的宏伟目标，2009年国务院批准设立“全民健身日”并颁布施行《全民健身条例》，为进一步推进全民健身事业取得跨越式发展、努力建设体育强国奠定了基础。

为统筹规划新时期全民健身事业的发展蓝图，今年2月，国务院印发了《全民健身计划（2011—2015年）》，就“十二五”时期加快发展全民健身事业，使广大人民群众充分享受体育健身带来的快乐，强健身心，提升幸福指数，促进人的全面发展，丰富群众的精神文化生活提出了一系列的方针政策和措施。新周期的《全民健身计划》明确将“深入开展全民健身宣传教育”作为重要工作措施之一，提出要通过“播发公益广告、宣传片、宣传画，出版科普图书、音像制品，普及知识，提高公民科学健身素养”。为落实这一措施，在有关部门的共同努力下，这套凝聚众多专家学者心血、旨在推动大众科学健身的《科学健身指导丛书》于今天面世了。

实施全民健身计划，增强全民身体素质，是一项利国利民、功在当代、利在千秋的宏伟事业，工作千头万绪，手段多种多样，但归其根本，我们在倡导全民健身的过程中要牢牢把握两条原则：生命在于运动，运动要讲科学。

我们这里所指的运动，是人民群众日常生活中以增进身心健康为目的、以身体活动为主要手段的体育健身活动，也就是俗称的体育锻炼。从人体本身来讲，只有不断地运动，才能保持生命的活力，更好地创造物质和精神财富，推动人类社会不断向前发展。自古以来，人们就不断研究和探索体育锻炼对人自身发展的作用和意义，在奥林匹克运动的故乡希腊，奥林匹亚阿尔菲斯河岸的岩壁上至今还保留着古希腊人的一段格言：如果你想聪明，跑步吧！如果你想强壮，跑步吧！如果你想健康，跑步吧！中国早在黄帝时期，即以角觝、击剑、射御、蹴鞠、捶丸等体育活动来训练青年，而唐尧、虞舜、夏、商、周亦以拳术、投壶、剑术、弓矢、击壤等体育活动来强健国人体魄。可以说，从古至今，人类社会关于体育锻炼对人的身体、精神乃至对整个社会所产生积极作用的论述是汗牛充栋，现代社会更是将体育锻炼的综合价值和多元功能发挥得淋漓尽致。因此，我们在推广全民健身计划过程中，首先要号召广大人民群众积极参与健身、享受健身乐趣，体会生命在于运动的真正意义之所在。

在强调运动对于强健人类体魄具有重要作用的同时，我们还必须注重科学运动的重要性。各人的性别、年龄、身体条件不同，健身项目、时间、运动量等也要因人而异，如果不尊重科学、不因人因地制宜，则健身效果不但不好，甚至会给身体带来伤害。随着现代科学技术特别是生理学、生物力学、营养学、医学、社会学等的发展，人们对体育锻炼的机理、功能和价值有了更清晰、更科学的认识，把这些认识用浅显易懂的语言表达出来，用于指导群众的体育健身活动是全民健身计划实施过程中的一项重要工作。本套丛书以全国群众体育现状调查、国民体质监测和国民健身指导系统等体育科研成果为基础，从健身机能评价出发，传授运动健身知识，使读者能够自主制订健身计划、身体力行，主动参与运动，进而达到增强体质和提升健康水平的目的，使运动健身成为生活中不可或缺的一部分。

丛书采取图文并茂、通俗易懂的形式进行编写，以满足群众增加科学健身知识、提高科学健身理念的需求，具有较强的科普性、实用性和通俗性，重在指导，便于操作，适用于不同人群在运动健身中作为参考。希望本套丛书的出版能为广大体育健身爱好者提供切实可行的健身指导，吸引更多的群众加入到全民健身的行列，为增强全民族身体素质做出应有的贡献。

刘鹏

2011年8月8日

《科学健身指导丛书》编委会

《科学运动 健康减肥》编写人员名单

主 编

王 欢 国家体育总局体育科学研究所

编 委

陈文鹤 上海体育学院

王馨塘 北京体育大学

陈艳杰 北京丰台区妇幼保健院

李雪梅 北京体育大学

李 稚 广东体育科学研究所

徐建方 国家体育总局体育科学研究所

王 欢 国家体育总局体育科学研究所

前 言

超重和肥胖被公认为是一种全球性的“流行病”，它已取代了营养不良和传染病等传统疾病，成为危害人们身心健康的最大的一种慢性病。近20年来，我国居民的生活水平发生了翻天覆地的变化，肥胖率在我国城乡各类人群中迅猛上升，中国男性的肥胖率增加了近4倍，女性肥胖率增加了2倍，2012年全国18岁及以上成人超重率为30.1%，肥胖率为11.9%，在超重与肥胖率持续增长的时代，“我要减肥！”不仅折射出中青年对美好身材的渴望，也体现了中老年人群对健康的追求。

人们普遍知道少吃多运动能够减重，有助于保持身材，但如何科学地运动，却是知易行难。市面上关于运动减肥的书籍种类繁多，就如何运动能有效控制体重的说法也是五花八门、不一而足，有的学说甚至相互矛盾，让使用者们晕头转向，无从选择。针对超重、肥胖人群在健身运动中遇到的种种现实问题，本书在国家体育总局《科学健身指导丛书》编委会的指导下，立足于运动减肥人群的实际困扰和需求，吸收国内外关于肥胖与运动的最新研究成果编写而成。

全书主要围绕虚拟人物“唐小曼”的减肥之旅而展开，首先介绍了人为什么会胖、脂肪细胞奇妙变化的故事，之后重点介绍了运动为什么能减肥、怎样运动能达到事半功倍的效果，解析了运动减肥中经常遇到的“体重平台期”“体重反弹”现象并提出解决对策。接下来，针对不同程度的肥胖儿童、职业女性、孕产妇、老年人群，提供了针对性的运动减肥方法。最后，揭开饮食与减肥的奥秘，介绍运动与饮食如何巧搭配来提高减肥效果。全书编写突出科学性、权威性、实用性、科普性。正文中穿插着小知识、小故事、小问号、误区解读等形式多样的知识链接，讲述内容与大众健身的实际需求紧密结合，深入浅出，通俗易懂。本书既是减重人群的运动健身宝典，同时还可以作为运动科学、公共健康、健身领域的从业者和学生在科学指导运动减重方面的重要参考资料。

本书由国家体育总局体育科学研究所王欢博士担任主编并负责统稿全书。其中北京体育大学的王馨塘博士编写第一章、第二章和第三章；王欢博士编写第四章和第十三章；广东省体育科学研究所的李稚博士编写第五章和第六章；北京体育大学的李雪梅博士编写第七章；国家体育总局体育科学研究所的徐建方博士编写第八章和第九章；上海体育学院的陈文鹤教授编写第十章和第十二章；北京市丰台区妇幼保健院的陈艳杰医师编写第十一章。

由于编写时间仓促，水平有限，不妥之处，敬请指正，以便再版修正。

王　欢

2017年3月31日

目录

第一章

人为什么肥胖？

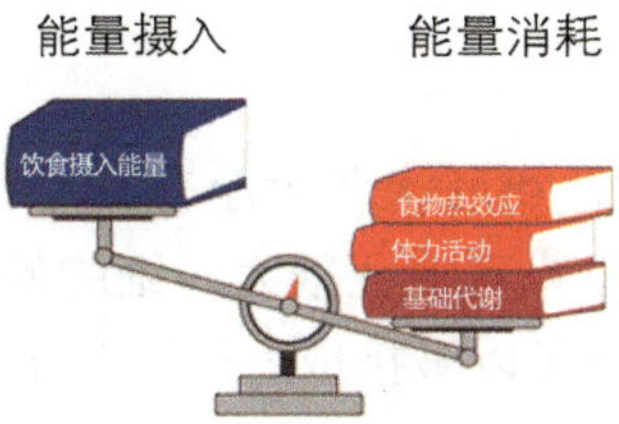

真有光吃不胖的人吗？为什么有些人上学期间怎么吃也不胖，一上班就明显发福？为什么越减肥体重越重？要搞清楚这些问题，首先要明白肥胖的缘由，才能科学制订减肥计划。

肥胖的发生是由多种因素引起的，最根本的原因是高脂肪、高能量密度膳食引起的能量摄入的增加，以及静坐少动生活方式引起的能量消耗减少。简而言之就是由于能量摄入超过消耗，导致体内脂肪积聚过多。

1. 赘肉从哪里来?

影响我们胖瘦的，主要是脂肪细胞、肌肉细胞和纤维细胞三种细胞，它们在骨骼的架构下，互争地盘与能量。脂肪细胞主要是储存能量；肌肉细胞主要通过运动与基础代谢消耗能量；纤维细胞则负责填补空隙，建立组织架构。

脂肪细胞有多大?

人体的不同细胞之间形状和大小差异很大。对于肌肉细胞或脂肪细胞，同一个细胞的大小也可变化很大，细胞的体积增大就可使体型改变。未堆积脂肪的脂肪细胞可以被挤成直径数微米（μm）的大小；堆满甘油三酯后的脂肪细胞，可以大到眼睛可见的100微米以上，比花粉还大，以体积三次方来算，两者至少相差1000倍以上。所以，原本50公斤的人胖成100公斤，对脂肪细胞来说，只是牛刀小试而已。

脂肪细胞有多少?

正常人体内，大约含有250亿个白色脂肪细胞，极度肥胖者有600亿~800亿个之多。人体肥胖的原因为细胞体积增大或细胞数量增加，或两者皆有。控制饮食正常时，脂肪细胞的体积变小，但数量仍维持不变。

人体脂肪的总储量占体重的百分比随年龄、性别、营养状况、身体活动量等因素的影响变动很大，正常成年男性约占15%~20%，女性约占20%~25%。若以体重为80公斤的成年男性脂肪占体重15%计算，脂肪储存总量可达12公斤之多。

脂肪细胞里有什么?

脂肪细胞内贮存的是脂肪，以甘油三酯的形式存在。甘油三酯不溶于水，因此，在水中会自然聚在一起。细胞内的甘油三酯起初是小滴，多了再聚成大滴，将细胞核和细胞质挤到细胞的角落。

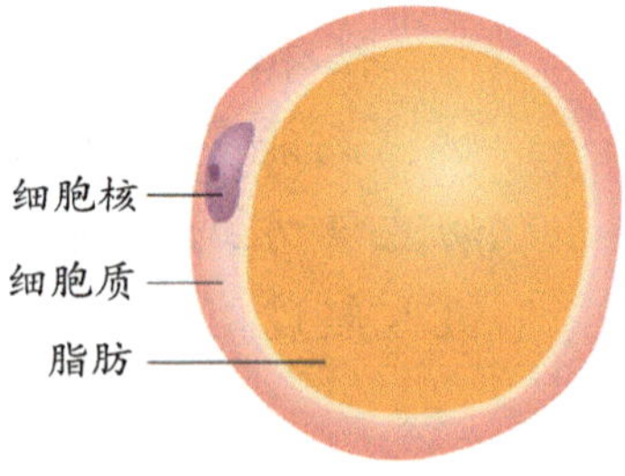

充满甘油三酯的脂肪细胞

体内的脂肪都藏在哪儿？

脂肪按在人体的堆积部位划分主要有三种：一是肉眼显而易见的皮下脂肪；二是多到一定程度才会察觉的内脏脂肪；三是肉眼不会察觉的血管壁脂肪。就对人体健康的危害而言，刚好与肉眼的察觉相反，血管壁脂肪最危险，其次是内脏脂肪。这三个部位脂肪堆积的机制不大一样，血管壁与内脏脂肪较动态，限制能量摄入可比较快地见效。

脂肪如何蓄积？

体内的脂肪由甘油和脂肪酸合成，体内脂肪酸来源有二：一是机体自身合成，二是食物供给。身体内的脂肪是动态平衡的，运动需要能量时分解，餐后补充能量又合成。体内的糖能大量转变成脂肪，而脂肪只能少量转变成糖。

减肥后一不注意就容易反弹，为什么？

脂肪细胞内原本是许多隔离的小空间储存脂肪小滴，这些脂肪小滴可被脂肪分解酶分解为脂肪酸，动态地进出小空间以供能量需求。当脂肪贮存太多了挤在一起，这些小空间就打通成“大通铺”，外围被“脂滴包被蛋白”包覆，这种脂滴包被蛋白具有阻挡脂肪分解酶的作用。这时，即使瘦身使脂肪细胞体积减小，细胞内的脂肪滴也已被脂滴包被蛋白包覆，以后的脂肪容易贮存进来，却不容易分解出去。这就解释了我们一旦变胖了，瘦身之后容易再胖回来的反弹现象。

人生哪儿个阶段容易蓄积脂肪？

人的一生有3个易发生肥胖的敏感期，分别是婴儿期、青春期和中年期。出生婴儿体重过重者，长大易肥胖，这可能是基因的关系，也可能与婴儿期脂肪细胞增生较多有关。与奶粉喂养的婴儿相比，喂母乳的婴儿，长大后较不易变肥胖，这可能是受母乳分泌量限制，体内的脂肪细胞较少。

青春期身体脂肪含量和分布的变化对肥胖的影响非常大。女孩的体脂含量从17%增加到24%，而脂肪细胞数目一旦增长就不会减少，日后再怎么减肥也只能将脂肪细胞的体积缩小一点。所以，这一时期女孩身体脂肪比例的增加将对肥胖程度和肥胖的持续性产生显著影响。青春期男孩的身体脂肪比例虽然在减少，但是脂肪在腹壁或腹腔内的沉积增加了约5倍，而女孩仅仅增加了约3倍。所以，青春期男孩的肥胖更倾向于苹果型（肚子胖），女孩多为梨形（脂肪多堆积在臀部和大腿），这与儿童期肥胖多为全身性肥胖不同。

肥胖的第三个关键期是中年期。中年发福是常见的现象，原因很多。中年事业有成，或者工作已驾轻就熟，压力较小，过着舒服的日子，养尊处优自然吃得多、消耗得少。此外，中年期基础代谢减少，活动量也减少；随着年龄增长，肌肉含量逐年减少，这也会造成运动后脂肪的分解较少。另外，随年龄增加，结缔组织变松弛，束缚脂肪细胞增大的力量也减少。

脂肪如何被利用？

脂肪是人体最大的能量贮存来源，1克（g）脂肪在体内燃烧可产生9卡（cal）的热量，人体在安静和进行中、低强度运动时，脂肪可作为充足的能量来源，并起到节省糖和蛋白质的作用（详情参阅第五章）。在禁食或饥饿的状况下，肝脏可将脂肪酸氧化分解成酮体为机体和大脑提供能量。不过由于酮体为酸性物质，体内酮体水平过高可引起酸中毒。

脂肪被忽略的功能

通常的观点是“脂肪是坏的，糖类是好的”。这种观点正逐渐被修正，美国农业部在1992年公布的“膳食宝塔”，底层是大量的五谷类，油脂类被排在金字塔顶端。但是，在2005年新公布的“我的金字塔”中，脂肪同其他各种饮食成分并排在同等重要的位置，只是推荐摄入量有所区别。

脂肪是人体主要的能量储备库，是长时间耐力运动的能量来源；脂肪具有减震并保护内脏器官的作用，例如，心脏、肝脏、脾、肾脏、眼睛和神经元；皮脂腺分泌的皮脂，作为皮肤的润滑剂，有助于防止过多的水分流失；脂肪是最佳的绝热体，有助于保持体温并防止过多的能量散失；脂肪参与细胞膜、激素的组成，具有调节合成代谢和分解代谢活动的作用；人体内的脂肪还有助于运送脂溶性维生素，例如：维生素A、D、E、K；食物中的脂肪还有助于增加饱腹感。

2. 是什么导致我们肥胖?

能量守恒定律

我们吃的食物，经消化、吸收进入体内，这是摄入的能量。身体通过维持每日生理功能的基础代谢、日常体力活动和食物的热效应消耗能量。摄入的能量大于消耗（能量正平衡）则体重增加，摄入的能量小于消耗（能量负平衡）则体重减少。任何有效的瘦身方法，绝不可能违反“能量守恒定律”。如果“总收入”大于“总支出”，那么食入的无论是脂肪、糖类还是蛋白质，经过一系列的消化吸收，最终剩余的热量都会转化为脂肪，囤积、贮存于体内，逐渐使人发胖起来。除去先天性遗传因素，后天性热量收支不平衡——收入大于支出，目前被国际医学界公认为是肥胖产生的最主要的原因。

现代社会，为什么越来越多人容易“能量失衡”出现肥胖问题呢？经济转型引起的膳食结构改变和体力活动减少是发展中国家肥胖症发病率迅速升高的主要原因。伴随现代化进程，中国人已经很大程度上改变了以谷物、豆类和蔬菜为主的饮食结构，转向从食用油、猪肉、禽类、牛羊肉、鱼类和奶制品中摄取大部分热量，使人们不知不觉中进食了过多的高热量食物。

进食行为也是影响肥胖症发生的重要因素。不吃早餐常常导致午餐和晚餐时摄入的食物较多，而且一日的食物总量增加。晚上吃得过多而运动相对较少，会使多余的能量在体内转化为脂肪而储存起来。进食过快、经常性地暴饮暴食、夜间加餐、喜欢吃零食等，都会造成能量摄入的过多增加。

随着汽车和电视进入社会生活，城市里的孩子上学不再走路或骑自行车，学校体育课的时间也没有以前那么充裕。互联网的普及又极大地减少了人们从事体力活动的平均时间。很多孩子极少参与课外体力活动，多数时间用于看电视、玩电脑游戏或上网，特别在发达的城市及农村尤为严重。这是导致超重及肥胖儿童增多的另一个重要原因。

对于成年人来说，职业性体力劳动和家务劳动量不断减轻，使人们的体力活动减少。人们处于静态生活的时间增加，坐着看电视、上网、玩手机是许多人在业余时间的主要休闲消遣方式，这也成为发生肥胖症的主要原因之一。

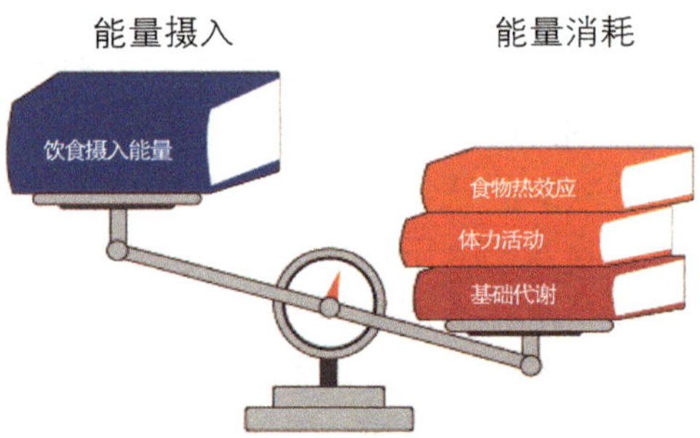

能量守恒定律

真有肥胖基因吗?

人类肥胖基因组的数量和性状，正在动物模型中得到证实和发现。人类肥胖基因图谱数据在每个年度的研究概述中均有发布。1994年秋天公开出版了第一组这方面的数据，此后，每年都由《肥胖症研究》杂志编辑出版，出版者为北美肥胖症研究协会。肥胖基因图谱显示了除性染色体Y以外，人类所有染色体中肥胖基因可能定位的区域。下表列出了1999—2004年人类肥胖基因图谱的相关数据及资料来源。

1999—2004年与肥胖症表型相关的基因标记总数表

时间（年）	1999	2001	2002	2003	2004
基因标记数量	＞200	＞250	＞300	＞430	＞600
资料来源	Chagnon等 2000	Rankinen等 2002	Chagnon等 2003	Snyder等 2004	Perusse等 2005

据统计，人类个体有10%具有肥胖的遗传倾向。通过对双生子的代谢分析发现，肥胖基因和家族性肥胖之间的相关性为20%～80%。如此宽泛的相关范围说明，肥胖受到多方面因素的影响。

基因与生活方式，谁的作用大?

俗话说“预测未来太太的体型，看丈母娘就知道了”。丈母娘和太太不只是遗传基因的关系，还包括相同的饮食和生活习惯。如果父母年长后身体健康、体型标准，自己应该庆幸遗传了不错的基因，不过也要遵循良好的生活方式。相反，如果父母年长后肥胖，自己的生活方式没有什么改进的话，那是逃不出遗传基因和环境的自然法则的。

有研究显示，肥胖症发生率的快速增长主要不是遗传基因发生显著变化的结果，而是生活环境转变所致。以印第安的皮马族为例，相同的基因族人，一群聚居于美国的亚利桑那州，吃高热量食物又少运动，个个肥胖；另一群移居墨西哥，吃谷类和蔬菜而且体力活动多，结果他们的平均体重比亚利桑那州的同族人足足轻了26公斤。

因此，改变环境和生活方式是预防肥胖的关键，这不仅是可能的，也被证明是有效的。真正适合每个人的有效方法只有“少吃多运动”，而且，运动消耗的热量还得大于摄入的热量，即能量的负平衡。对大部分人来说，少吃多运动是知易行难。不想付出一点工夫就想瘦身，大概要付出的是健康的代价。

小知识

肥胖遗传吗？

肥胖是可以遗传的，而且妈妈传给女儿的可能性最大。如果爸爸胖，那孩子发生肥胖的可能性是40%；如果妈妈胖，孩子发生肥胖的可能性则为50%~60%，其中，女孩为75%；如果爸爸妈妈都胖，那孩子发生肥胖的可能性则高达70%~80%，其中，女孩可达90%~95%，男孩为70%~75%。

事实上，孩子从父母那里遗传来的不只是肥胖的易感体质，还附带着容易导致肥胖的不健康生活方式。遗传基因也是通过改变行为习惯导致肥胖的，也就是说，遗传基因让人倾向于选择更不健康、更易使身体发胖的食物，而且会影响体育锻炼情况。所以，不论是否有肥胖基因，只要建立健康的生活方式，也不一定会成为大胖子。

第二章 肥胖的危害

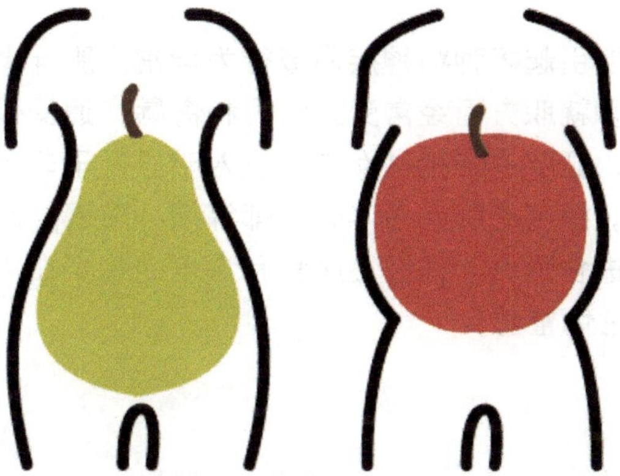

大家对肥胖的关注点主要集中在由于肥胖带来的形象问题上。女士们认为“一旦胖没人爱”，而男士们觉得人到中年有点“将军肚”很正常，往往忽视潜伏在身体里的健康危害。那么，肥胖对健康有什么危害？不同类型的肥胖，哪种危害更大？只有了解这些，才能坚定科学减肥的信心。

1. 百病胖为先

肥胖是多种慢性病的危险因子，是各种生活习惯病的准备状态。肥胖既是一个独立的疾病，又是Ⅱ型糖尿病、心血管病、高血压、中风和多种癌症的危险因素，被世界卫生组织列为导致疾病负担的十大危险因素之一。据统计，与正常体重者相比，肥胖者患糖尿病的危险增加5倍，患高血压的危险增加3.5倍，患胆结石和不孕症的危险增加3倍，患痛风的危险增加2.5倍，患心脏血管损伤的危险增加2倍，患关节损伤的危险增加1.5倍。

肥胖还可以引起多种精神疾病或行为异常。肥胖者由于体型或外观的原因，在求学和就职方面经常受到歧视和侮辱，遭受极大的精神伤害。国外的研究表明，肥胖者特别是女性，收入明显低于非肥胖者，婚姻状况也不如非肥胖者。极度肥胖者多伴有抑郁等精神障碍。此外，由于频繁的体重控制导致的进食障碍（神经性厌食和贪食症等）在年轻肥胖女性中的比例远远高于正常体重者。

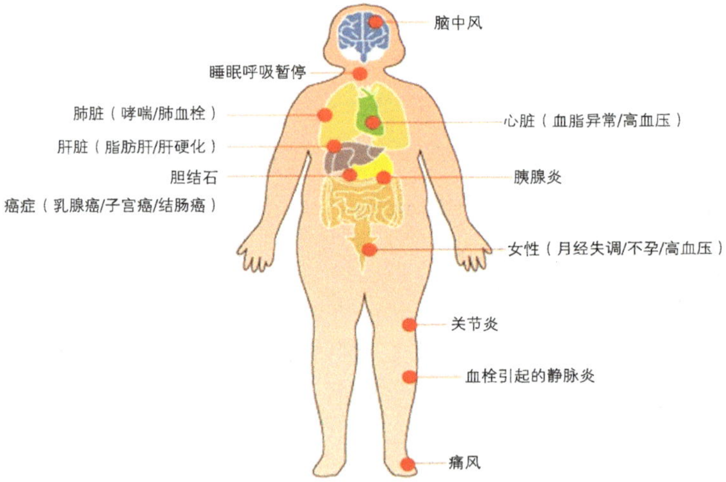

肥胖的并发症（引自美国CDC）

2. 苹果型肥胖与梨型肥胖，哪个健康风险更大？

肥胖身材可以分为苹果型和梨型两种。

苹果型身材的人腰腹部胖，状似苹果，细胳膊细腿大肚子。这种人脂肪主要沉积在腹部。梨型身材的人臀部及大腿脂肪多，就是上半身不胖而下半身胖，状似梨形。

苹果型肥胖危害不小。由于腹部脂肪比其他部位的脂肪新陈代谢更活跃，因此更容易进入血液系统，从而导致高血压、高胆固醇血症。再有，苹果型肥胖的人脂肪包围在心脏、肝脏、胰脏等重要器官周围，所以，患冠心病、脂肪肝和糖尿病的风险比梨型肥胖的人大得多。调查发现，苹果型肥胖的人几乎个个都有脂肪肝，而且患糖尿病的几率增高10倍。

梨型肥胖也不容忽视。相对来说，梨型肥胖比苹果型肥胖的危害略小，但仍然具有相当严重的健康风险。梨型肥胖的人脂肪主要在肌肉中，而肌肉中的脂肪越多，胰岛素抵抗就越严重，因此，会影响到糖代谢，有可能发生糖尿病。

相对而言，梨型肥胖比苹果型肥胖好，而不胖又比梨型肥胖好。

如何判定苹果型肥胖或梨型肥胖呢？可以用体重指数（BMI，计算方法详见第四章第17页）和腰围来判定。首先，用BMI指数来判定是否属于肥胖，如果属于肥胖，再计算一下腰围身高比，就是用腰围除以身高，如果得数小于0.46，可以认为是梨型肥胖；如果超过了0.48，那就是苹果型肥胖；如果介于0.46和0.48之间，要警惕苹果型肥胖的可能。

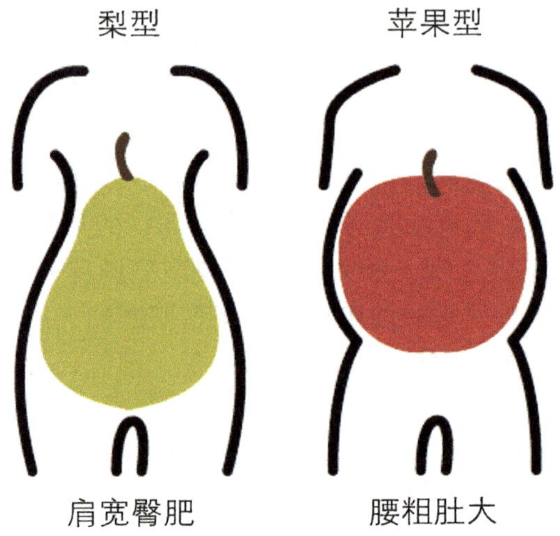

梨型肥胖与苹果型肥胖

第三章 肥胖的易感人群

在社会转型期，大家都过着多吃少动的生活，为什么有人容易发胖而有人不易发胖？什么人群是肥胖症易感人群？这种社会“肥胖病”还要要流行多久？未来哪些人容易得肥胖症？让我们了解肥胖在不同经济水平国家的发展趋势，避免重走发达国家肥胖之路吧！

1. 当下什么人群容易肥胖?

近年来我国成年人超重与肥胖率持续增长。中国2010年国民体质监测主要结果显示，2010年成年人的超重率为32.1%，肥胖率为9.9%。在过去的20年中，中国男性的肥胖率（BMI≥28）增加了近3倍，从3%增加到11%；女性肥胖率（BMI≥28）也已翻倍，从5%增加到10%。

数据显示，肥胖与经济发展密切相关：经济越发达地区的超重率和肥胖率越高，大城市尤为突出。城市居民超重率和肥胖率均高于农村，其中大城市高于中小城市，中小城市高于农村。从年龄上看，60岁及以上老年人超重率和肥胖率高于18～59岁劳动力人口。

那么，未来的胖子会是谁？先看看发达国家美国目前肥胖状况吧。

2. 未来的胖子又会是谁?

在美国，快餐店多集中在收入较低者和有色人种的社区，他们更容易肥胖，而富人和白人社区居民更容易得到新鲜、营养、低盐、低脂肪的食品。城市中的穷人接触绿地和娱乐设施的途径更少，而这些对健康有直接影响。在欧洲，如果保持收入变量为恒定，绿地拥有率更高的市民，肥胖的概率比一般人低40%；那些居住在几乎没有什么绿地、到处都是涂鸦社区的居民锻炼身体的概率比一般人低50%，肥胖的概率比一般人高50%。

营养学家Martorell等人在2000年分析了美国不同受教育程度人群的肥胖患病率情况，得出结论：受过大学以上高等教育人群的肥胖发病率最低；年龄在45～54岁之间、仅受过小学教育的男性超重发生率最高；对于65岁以上的老年男性来说，即使受过大学高等教育的人，也具有较高的肥胖患病率。在考虑教育水平和收入因素时，在工业化国家，受教育水平低的人群肥胖患病率较高。

整体上看，我国人群超重和肥胖症流行的发展阶段略晚于欧、美发达国家。根据世界卫生组织（WHO）超重和肥胖症分类标准来衡量，我国成人体重超重与肥胖症之比为8∶1，而欧美国家的比例已达2∶1甚至接近1∶1。这意味着我国肥胖症发病率的潜在上升危险性很大。

在中国，随着从农村迁移到城市的人口不断增加，以及城乡差距缩小，可以预期，未来的肥胖者将从城市向城乡结合部及农村转移，从老年人向中青年人群转移；随着健康生活方式知识的不断普及，预计未来受教育程度低人群的肥胖发生率更高。

未来城市街景——胖子多多

第四章

肥胖的评价方法

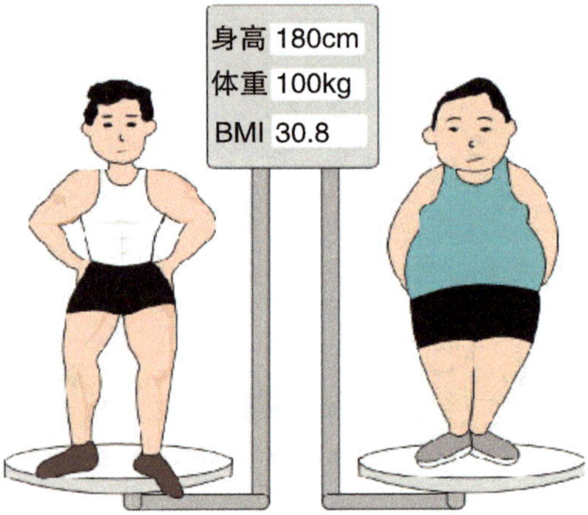

明明两人身高体重差不多，为什么别人看上去要比我瘦得多？人们通常用体重来判断胖瘦，这虽然简便，但非常有局限性。在制订减肥方案前，有必要了解科学评价体重的方法，以便对自己的体重精确管理。

肥胖的测量评价根据复杂性、成本、精确度不同分为实验室测量和现场测量。测量设备精密、准确性高的方法适用于科学研究领域，而简便实用的测量方法适合在百姓家庭中使用。

1. 体重与肥胖

谈到肥胖，体重是判断肥胖的最简便的指标，上体重计称一称就会知道自己胖不胖。关于体重评价肥胖有两个指标——身高标准体重和体重指数（BMI）。

身高标准体重

体重与身高密切相关，身高标准体重是反映和衡量正常体重较理想和简单的指标。世界卫生组织计算标准体重的方法如下：

男性：（身高的厘米值－80）×70%＝标准体重

女性：（身高的厘米值－70）×60%＝标准体重

其中标准体重正负10％为正常体重；标准体重正负10％～20％为体重过重或过轻；标准体重正负20％以上为肥胖或体重不足。根据中国人的实测身高体重数据，国家制定了不同身高对应的适宜体重区间（国民体质测定标准手册，人民体育出版社，2003）。

体重指数

体重指数的英文为Body Mass Index，简称BMI，是目前国际上常用的衡量人体胖瘦程度以及是否健康的一个指标。它是用体重公斤数除以身高米数的平方得出的数字，即：

体重指数（BMI）=体重（公斤）÷身高（米）^{2}

举例：一个人的身高为1.75米，体重为68公斤，他的BMI=68/（1.75×1.75）≈22.2。

BMI的判别标准有多个，包括世界卫生组织（WHO）标准、亚洲标准和中国标准。根据世界卫生组织定下的标准，BMI超过25为超重，超过30为肥胖。亚洲人的BMI若高于22.9便属于过重。亚洲人和欧美人属于不同人种，WHO的标准不是非常适合中国人的情况，为此中国肥胖问题工作组制定了中国参考标准。

根据中国体重变化与常见疾病的分析报告，体重指数增高，冠心病和脑卒中发病率也会随之上升，超重和肥胖是冠心病和脑卒中发病的独立危险因素。体重指数每增加2，冠心病、脑卒中、缺血性脑卒中的相对危险分别增加15.4%、6.1%和18.8%。一旦体重指数达到或超过24，患高血压、糖尿病、冠心病和血脂异常等严重危害健康的疾病的概率会显著增加。因此中国标准将24作为判断肥胖的切点。

BMI判别标准

	WHO标准	亚洲标准	中国标准	相关疾病发病危险性
偏瘦	＜18.5			增加
正常	18.5~24.9	18.5~22.9	18.5~23.9	平均水平
超重	≥25	≥23	≥24	不确定
偏胖	25.0~29.9	23~24.9	24~27.9	增加
肥胖	30.0~34.9	25~29.9	≥28	中度增加
重度肥胖	35.0~39.9	≥30	—	严重增加
极重度肥胖	≥40.0			非常严重增加

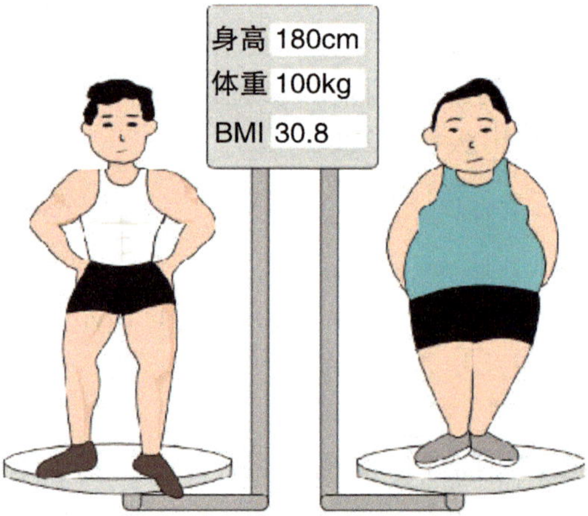

为什么体重相同，一个人体型看上去健美结实，另一个是胖子？奥秘在于两人的身体成分不同，左边的人体脂少、肌肉多，右边的人体脂多、肌肉少。如果说体重是判断肥胖的唯一指标，这样判断是不对的，没有考虑肌肉与脂肪含量，真正的肥胖是指身体脂肪积聚超过一定标准。

2. 真假胖子与体脂率

用称体重的方法判断是否肥胖有一定的局限性。因为称体重不能区分体脂、肌肉和骨骼的比例。尽管体脂含量与体重之间呈现高度的相关，但这种相关关系并不是适用于每个人，用BMI估计体脂含量会造成±5%的平均误差。所以，应该使用其他更准确的方法测评是否肥胖，也就是身体成分。

身体成分指的是身体脂肪组织和非脂肪组织的含量在体重中所占的百分比。人的身体主要是由水、蛋白质、脂肪、无机质四种成分构成。在身体成分测量评价中，我们最关注身体脂肪含量，即体脂率（体脂率% = 身体脂肪总量/体重×100%）的高低。判断一个人是否肥胖的科学方法是测量脂肪量（体脂率），脂肪超标才是真正的肥胖。

测量体脂率的方法很多，有皮褶厚度测量、水下称重、空气置换法、双能X线法、生物电阻抗法。

• 皮褶厚度测量

皮褶厚度是推断全身脂肪含量、判断皮下脂肪发育情况的一项重要指标。通过皮褶厚度推算的体脂率与用精密仪器测量的体脂率的相关性较高，也就是说皮褶厚度能较准确测量出体脂率。皮褶厚度可用X光、超声波、皮褶卡钳等方法测量。用卡钳测量皮褶厚度最为简单而经济，对人体亦无放射性伤害。但是此方法需要操作者熟悉仪器的调试和检测方式，技术的差异不可避免地产生误差，其主要偏差的来源是检测者用手捏皮褶时施加的压力的稳定性、卡钳头的夹皮时间的长短、皮褶厚度的大小等。

• 水下称重

当人体浸于水中，其身体排开水的重量体积。通过人体在水中和陆上的体重变化来计算人体体积和密度，从而推算出体脂百分比、去脂体重。

• 空气置换法

空气置换法的测量原理同水下称重相同。当被测者进入空气置换仓内几秒钟，感受器通过计算压力测出人体排出的空气量，通过数学公式精确地分析身体成分。

- **双能X线法**

这是一种无创、准确、重复性好和低辐射的测定新方法。其原理是应用两种能透过机体的不同能量的X射线或光子，在不同密度的组织中，其衰减光子能量的程度不同。通过记录两种不同光子能量被不同组织衰减的程度即可计算出各种组织的含量，即获得体脂率、脂肪分布情况和骨密度。这种方法被运动科学专家认定为评估体成分的标准技术。

- **生物电阻抗法**

生物电阻抗测量原理是基于身体组成成分的导电性不同。在人体表面加低电流时，含水70%以上的肌肉组织是良好导体，而含水较少的脂肪组织近似为绝缘体，因此通过测出阻抗值可计算出身体成分。由于测试仪器体积小，便于携带，测试无损伤，方法简单，该方法在健身场所、体检中心广泛使用。

关于体脂率的评价标准目前还没有一个被广泛接受的常模。简单说，与健康风险相关的适宜体脂率应该是多少尚没有定论。不过，男性体脂率10%～22%以及女性体脂率20%～28%应该是有利于健康的适宜范围。除了性别外，年龄、种族也是影响体脂率的重要因素，制定适合不同人群的体脂率标准还需要大量研究工作。

3. 围度与肥胖

不仅身体脂肪总量与健康密切相关，体脂的分布也是影响健康的重要因素。如果脂肪过多集中在躯干和腹部，称为“中心性肥胖”，考虑到中心性肥胖的脂肪多堆积在腹部内脏，与胰岛素抵抗及代谢综合征的发生密切相关，对健康的危害更大。通过简单、便捷的围度测量，我们可以知道身体脂肪的分布情况。其中最常用的两个指标是腰围和腰臀比。

腰围是衡量腹部脂肪蓄积，即向心性肥胖的指标。中国男性腰围大于等于85厘米、女性腰围大于等于80厘米为肥胖。腰臀比（WHR）是腰围和臀围的比值，是判定中心性肥胖的重要指标。女性理想的腰臀比例大约在0.67～0.80之间，男性这一比例大约在0.85～0.95之间。无论男女，臀围大于腰围者，不仅体型优美，而且健康长寿；而腰围明显大于臀围的“大腹便便”者，不仅体态臃肿，而且健康状况危机四伏。

小知识

常用围度指标的测量方法

腰围：被测者站立，双脚自然分开，体重均匀分配于两脚上。测量位置在水平位肚脐上1~2厘米。将测量尺紧贴软组织，但不能压迫，测量值精确到0.1厘米。

臀围：沿臀部向后最突出部位，将皮尺水平绕一周，皮尺松紧适度，测量值精确到0.1厘米。

第五章

运动为什么能减肥？

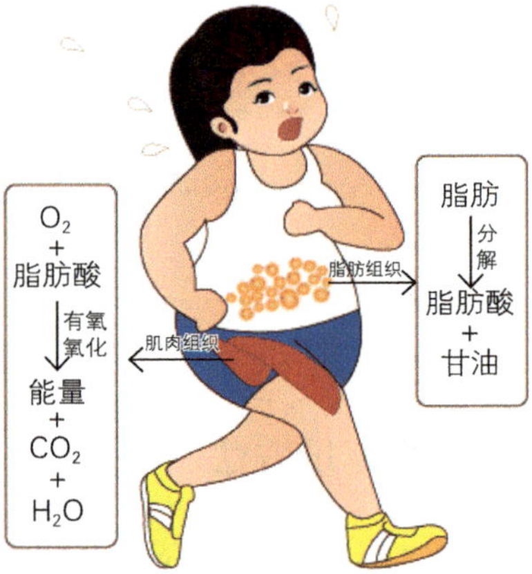

运动能减肥的原理是什么？什么运动减肥效果好？身体里的脂肪能被“震掉”或“甩掉”吗？只有了解运动前后能量消耗的过程，才能科学选择锻炼方式，达到事半功倍的效果。

1. 运动中人体如何消耗能量?

要减肥，就必须保持做到：每天消耗的能量 > 摄取的能量（能量负平衡）。要保持体重，不发胖，必须保持做到：每天消耗的能量 = 摄取的能量（能量平衡）。这就是减肥（维持体重）的原理。除了通过控制饮食减少能量摄入外，运动是达到能量负平衡最简单且没有副作用的方法。运动可以消耗机体的能量，运动强度越大、时间越长，机体所消耗的能量就越多。我们可以通过合理安排运动来消耗体内能量，使得消耗的能量 > 摄取的能量，进而达到减肥的目的，或得使消耗的能量 = 摄取的能量，达到维持体重的目的。

那么，在运动过程中，机体是如何利用脂肪和糖来给肌肉提供能量的呢？在大多数运动中，糖是供能主角，不管氧气是否充足都可以给肌肉提供能量。脂肪只能在氧气供应充足的情况下，在肌肉中被氧气氧化，产生能量、二氧化碳和水。

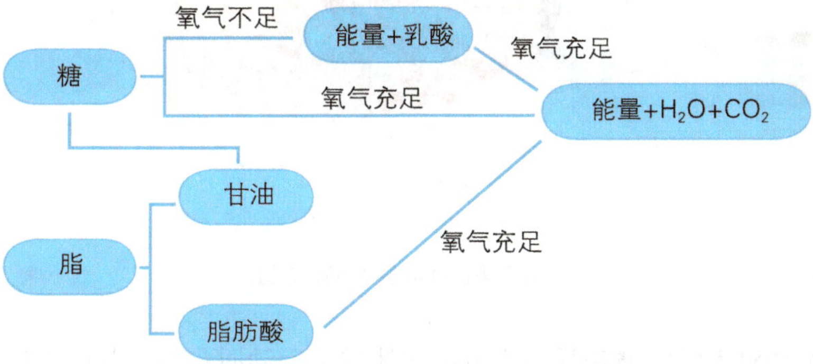

运动时机体如何利用糖、脂肪

当运动刚开始几十秒的时候，机体主要依靠肌肉中的快供能物质（三磷酸腺苷）分解供能，但很快就会消耗完，而后身体会调配糖和脂肪供能。如果是运动强度大、时间短的运动，身体会以糖的无氧代谢为主要供能手段。如果是强度中等、时间较长的运动，机体是以糖和脂肪的有氧代谢为主要供能手段，但是脂肪有氧代谢供能的比例随着时间的增加而增加，随着时间的延长，脂肪消耗量可到达总消耗量的85%。

那增加糖的利用与减少脂肪有什么联系呢？人体摄入的食物中很大部分是“糖”，但是机体内糖的储存是有严格限制的，主要以糖原的形式储存于肝脏和肌肉中，总的能量约为800～2000千卡，多余的糖会转化为脂肪在身体内储存下来。而运动增加了机体内糖的消耗，使得没有多余的糖可转变为脂肪。

综上所述，运动时人体能量消耗增加，对人体中脂肪和糖的利用率增高，脂肪细胞得不到补充反而需要支出，于是就缩小变瘪；同时，多余的糖被消耗掉，不会转化为脂肪。这样人体中的脂肪含量减少，即可达到减肥的目的。

2. 运动后机体如何继续燃烧脂肪?

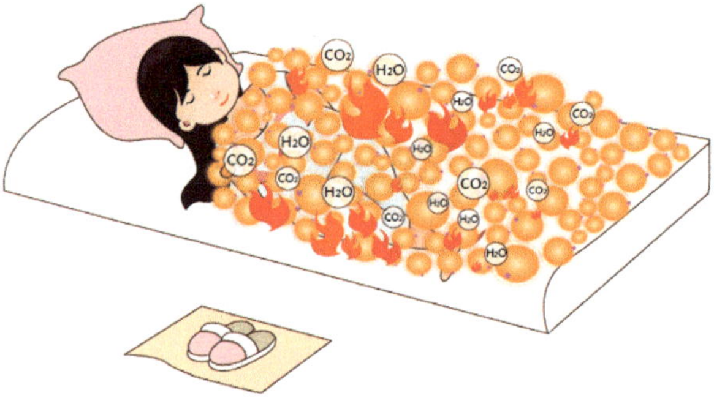

运动后身体继续消耗脂肪

运动对人体能量消耗的影响不仅体现在运动时，对安静时人体的能量消耗也有影响。运动中产生的代谢产物需要消除或者排出体外，消耗的物质（主要是糖）需要进一步合成，脂肪、糖和蛋白质（主要是脂肪）的有氧代谢是人体生理机能恢复的主要供能途径。对人体运动后代谢率变化的研究发现，运动后肌肉依然会继续燃烧卡路里，运动者的代谢率在运动后很长一段时间都保持在比较高的水平，保持时间与运动强度有关，运动强度越大，保持时间越长。换句话说，经常运动的人，在安静的时候消耗的能量比不运动的人多；运动的强度越大，在安静的时候消耗的能量越多。

小知识

基础代谢率

我们一天24小时，即便是什么都不做，静卧在床上，都会消耗一定的热量。因为即使在这样的情况下，我们身体许多器官系统依然在工作着来维持生命的运转，比如说，机体的呼吸、心脏的跳动、氧气的运送、肾脏的过滤排泄等，这些维持生命所需的最低热量我们称之为基础代谢率或静息代谢率（Resting Metabolic Rate，RMR）。基础代谢率的单位为“千焦/平方米/小时”，表征为：人体在清醒、静卧和空腹的情况下，不受精神紧张、肌肉活动、食物和环境温度等因素影响时，每小时每平方米体表所散发的热量。每个人的基础代谢率不一样，受遗传、年龄、性别、活动量、环境等各种因素的影响。基础代谢率越高，人体在安静的时候消耗的能量就越多。

基础代谢率对减肥有很大的影响，我们可以通过少吃多餐，多摄入优质蛋白质，增加活动量，增加体内肌肉含量等方法，来提高机体基础代谢率，加快机体代谢速度，协助减肥。过度节食的方法，会降低机体的基础代谢率，反而不利于减肥。

3. 有氧和无氧运动，都能消耗人体的脂肪吗?

有氧运动是指体内代谢以有氧代谢为主的运动，即在运动过程中，人体吸入的氧气与需求相等。有氧运动特点是强度低、有节奏、不中断和持续时间长。常见的有氧运动项目有：步行、慢跑、滑冰、游泳、骑自行车、打太极拳、跳健身舞、做韵律操等。

当你做有氧运动时，心跳加速促使体内释放使脂肪组织分解的激素，将脂肪分解为脂肪酸和甘油，同时，心跳加速也使得血液流动速度加快，跟随着血液的流动，脂肪酸被送入到正在工作的肌肉中。在肌肉中氧充足的情况下，脂肪酸燃烧产生能量、气体（二氧化碳）和水。就这样，有氧运动时脂肪被燃烧掉了。

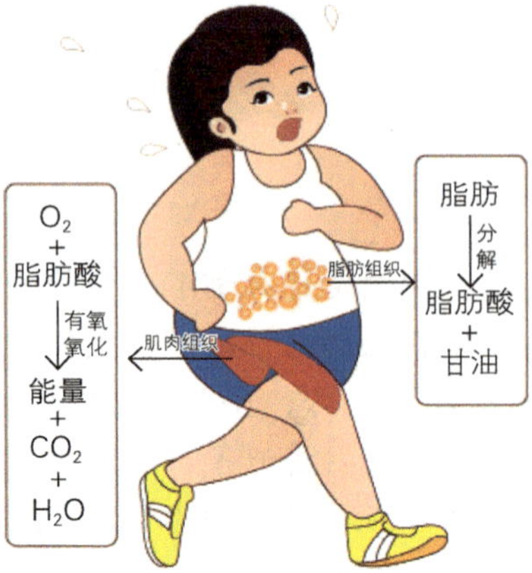

有氧运动燃烧脂肪的途径

无氧运动指的是体内代谢以无氧代谢为主的运动，即在运动过程中，人体吸入的氧气不能满足机体的需要。无氧运动的特点是强度大，瞬间性强，无法长时间持续。常见的无氧运动项目有：短跑、举重、投掷、跳高、跳远、羽毛球（扣杀时）和力量训练等。

无氧运动并不会直接消耗脂肪，但无氧运动有间接消耗脂肪的作用。无氧运动使得机体在在运动中和运动后的总能耗增加。

◆无氧运动时消耗大量能量。当我们从事的运动非常剧烈，或者是急速爆发的，例如举重、百米冲刺、打羽毛球、摔跤和力量训练等，此时机体在瞬间需要大量的能量，而在正常情况下，有氧代谢是不能满足身体此时的需求的，人体处于暂时缺氧状态，体内的糖大量分解，以迅速产生大量能量供肌肉使用。

◆无氧运动后提高的基础代谢率远远大于有氧运动。最新研究表明，适宜强度的力量训练，可以使运动者在训练后保持较高水平的代谢功能，低强度的运动训练只能额外消耗少量的热量。例如，美国科罗拉多州立大学学者通过对人体运动后代谢率变化监测结果的研究，发现有氧运动者的代谢率在运动结束1小时后恢复到了正常水平，而进行力量训练者的代谢率在运动后很长一段时间内都保持了较高的水平，直到15小时后才恢复。这说明力量训练在运动1小时内消耗的热量不及有氧运动，但在接下来的时间里能够较高水平地消耗热量。因此，一定强度的无氧运动可以更多地增加机体的代谢水平，使机体能量消耗大于能量的摄入，从而消耗体内的脂肪。

没有绝对的有氧运动，也没有绝对的无氧运动，无氧代谢和有氧代谢在任何运动中都存在，只是供能比例不同，这与运动时间和强度有关。无论是有氧运动还是无氧运动，都能增加人体能量的消耗，最终达到消耗脂肪的目的。

4. 甩脂机（律动机）也能减肥？

在电视广告以及健身房中可以看到有一类被动运动的仪器，如“甩脂机”“振动器”“律动机”等，人站在或坐在上面，机器进行抖动，带动人体部分肢体或者全身颤动。夸张的宣传跟电视广告中看似科学的实验对比，给减肥者勾画了一幅“轻松减肥”的美好蓝图。商家称其减肥效果极佳，爱瘦哪儿就瘦哪儿，是一种不增加心肺负荷的，自然、安全、快速有效的被动减肥瘦身方式。

但是事实上，想靠被动运动达到减肥目的几乎是不可能的。

有消费者说，在体验“甩脂机”“律动器”时，脂肪也随之抖动，被震动的部位也确实出现了出汗、腿围和腰围变小的情况，这不是脂肪在“做运动”，消耗热量吗？这难道是假的吗？

首先，从原理上看，脂肪本身没有收缩功能，不会自我进行有氧氧化，脂肪唯一的消耗方式是在人体的肌肉或者肝脏等器官内进行有氧氧化，生成二氧化碳和水，同时释放能量。在人体外施加外力，使得脂肪抖动，并不能达到使脂肪有氧氧化的作用。其次，即使是在外力的作用下，使有收缩功能的肌肉发生抖动，由于肌肉本身没有收缩，也不会消耗能量，达不到燃烧脂肪的作用。因此，靠外力的震动和抖动是不能够消耗并减少脂肪的。

震一震出汗了，腰围、腿围变瘦了不等于消耗热量。仪器震动产生能量，使得被震动部位出现局部的发热、出汗，使用完震动减肥仪器再用皮尺量一量，发现局部的确是变瘦了。但是，这个是暂时性的变“瘦”，导致腰围、腿围变小的原因是水分丢失，如同蒸桑拿一样，通过外部的热量让人发热流汗，最多流失了水分，并没有消耗脂肪，一旦补充适当的水分，立刻就会反弹回来，因此无法靠这种方式实现减肥。

主动运动和被动运动的主要区别在于“运动者是否出力”。主动运动需要自己出力，运动者可以感觉到明显的肌肉收缩；被动运动者一般自己不出力，靠机械带动使得身体产生所谓的“运动”，没有肌肉收缩的“运动”是不会消耗身体脂肪的。

能量消耗
300千卡

能量消耗
0千卡

运动之所以能消耗脂肪，是因为“动”和“能”，只有肌肉进行收缩“运动”，才能消耗“能量”，燃烧脂肪。以机器的震动和滚动，引起身体的震动和抖动，这个“动”，是因为电能，其能量来自于“电”，而不是被动运动者的身体，自然是无法消耗脂肪的。有效地、坚持不懈地主动运动才是运动减肥的正道。

误区

“运动出汗越多，减肥效果越好。”

运动中出汗越多，运动后体重自然越轻，但是并不意味着减肥效果越好。人的体重是由脂肪和去脂体重组成的，去脂体重包括水、蛋白质和无机物。有效的减肥，是减掉身体的脂肪，而不是水分和无机物。

在实际生活中，有不少人认为“出汗越多，减肥效果越好”，采用在炎热夏季，穿上出汗衣，大中午在太阳下慢跑的方式来减肥。这么做，可以培养人的坚强意志，也可以利用高温多消耗一点热量，但是身体内减少得最多的是水分和无机物。虽然运动后走上体重秤，可以看到体重明显下降，但是这减少的是体成分中的水分和无机物，脂肪量的减少却不多，运动后几杯水下去，体重又恢复原貌。

因此说，运动出汗的多少与减肥效果的好坏没有直接联系。

误区

“瑜伽是一项高效燃脂的运动。”

任何运动都可以消耗热量，在一定程度上减少脂肪。研究发现，运动心率达到最大心率的60%时（110次/分左右），身体开始大量消耗脂肪供能。瑜伽运动主要是一些拉升和伸展的动作，运动持续的时间比较长，参与的肌群较多，但是在运动过程中心率提升不太明显。因此说，瑜伽运动具有放松身心、塑身的功效，在一定程度上也可以消耗热量，燃烧脂肪，但是并不属于高效燃脂的运动。

高效燃脂运动包括：游泳、跳绳、打羽毛球、打壁球、慢跑、快走、水中慢跑、跳舞、跑楼梯等。

第六章

如何制订运动减肥方案？

不同国家制定的减肥指南不尽相同，但是都包含运动与合理饮食的有机结合，一个完整的运动减肥方案应包括合理的目标和减肥周期、科学的减肥方法，加上持之以恒的毅力，才能保证减肥目标的达成。

1. 官方推荐的运动减肥指南

肥胖已成全球问题，自20世纪60年代以来，如何科学有效减肥成为热门话题，为此很多国家投入人力物力，做实验，找规律，制定减肥指南，以指导民众维持体重或者减重，希望可以控制肥胖率的上升。

我国卫生部门在2003年出台了《中国成人超重和肥胖症预防控制指南（试行）》，指南建议减肥者要根据自己的减肥目标，每天安排一定时间进行中等强度的体力活动。中等强度体力活动时心率在每分钟100～120次之间，低等强度体力活动时心率在每分钟80～100次之间。每天安排进行体力活动的量和时间要根据减体重的目标来计算，对于需要亏空的能量，建议采用增加体力活动量和控制饮食相结合的方法，即亏空能量中的50%由增加体力活动的能量消耗来解决，剩余的50%由减少饮食能量摄入以达到需要亏空的总能量。

美国的肥胖率居全球第一，美国运动医学会2009年颁布了减重指南，将体重波动小于3%的情况定义为维持体重，体重减少大于3%的情况定义为减重。建议维持体重者每周应安排中等强度体力活动150～250分钟（每天活动30～50分钟，一周活动5天），可消耗能量1200～2000千卡；减重者每周应进行中等强度体力活动250～300分钟（每天活动50～60分钟，一周活动5天），可消耗大于2000千卡的能量。

国内外运动减肥指南中倡议的运动强度都选择了中等强度体力活动，只是评价指标不同，中国官方选择心率作为判断运动强度的指标，而美国运动医学会则以梅脱（METs）——代谢当量作为判断运动强度的指标。另外，中国官方指南偏重于减重，对于维持体重没有提及，比较推崇采用运动与合理饮食结合起来的方式进行减重。美国运动医学会的指南对于维持体重和减重都有一个指导方案，虽然提及运动结合适当控制饮食可使得减重效果更佳，但是没有一个明确的倡议，同时，提醒如果采取严苛的饮食控制方案可能对运动减肥有不好的影响。

不同国家官方推荐的运动指南读物

虽然不同国家的减重指南有所不同，但国内外的运动减肥指南都倡导健康生活观念，建议人们在日常生活中尽量创造更多的活动机会，并把增加活动的意识融于对生活的安排之中。一定程度地改变每天的生活习惯，尽量选择较多体力活动以替代较为省力的条件，例如，鼓励在城市生活的人在1公里距离内用步行代替坐车；短途出行骑自行车；提前一站下车而后步行到目的地；步行上下5层以内的楼梯以替代乘电梯等。

2. 如何制订适合自己的控制体重的方案?

从国内外不同国家制定的减肥指南可以看出，一个减肥（或者维持体重）方案最少要包括目的、运动形式、运动强度、持续时间和运动频率几个部分。

目的：首先要考虑活动者是为了健康维持体重，还是要减重；如果是减重，打算在多少时间内减少多少体重。例如，两个半月减重4公斤。安全健康的减重速度是每周减少0.25～1公斤。过快的减重通常是采用不正确的减肥方法，减少的绝大部分是肌肉和水分，不仅对健康不利，而且很容易反弹。

运动形式：是指活动者采用的运动类型和项目。根据运动目标，以及运动者的身体情况、兴趣爱好，选择运动方式和运动项目。大多数运动减肥指南都建议减肥者的运动方式偏重于有氧运动，因为只有有氧运动才可能动用体内的脂肪参与供能。运动项目有自行车、慢跑、游泳，以及球类运动等，可以依据运动者的爱好及身体情况来进行选择，例如，体重过重的运动者一般都建议选择自行车或游泳，这样可减少对运动者膝关节的损害。除了有氧运动，力量锻炼也是有效减脂的重要运动形式，维持一定的肌肉含量有助于提高基础代谢率，增加安静时机体的能量消耗。

运动强度：这是运动方案设定的关键环节，不同类型的运动评定运动强度的指标不同，例如，耐力有氧运动一般采用心率，力量运动一般采用肌肉所对抗的负荷量和次数。每个人的身体状况不同，相同的运动速度，对不同的人来说强度可能不一样，要根据运动者自身身体情况和运动健身目的，来确定运动强度。没有严重的疾病，如心脏病，或者是体重过重的运动者，一般建议以中等强度的运动为主。这是由于中等强度运动有利于脂肪燃烧，还不会增加食欲；同时，中等强度运动不会太累，参与者一般都能坚持下来。

持续时间和运动频率：是指活动者每次运动的持续时间以及每周参与运动的次数。多数情况下，持续运动30分钟以上，脂肪才开始“燃烧”，这就是为什么建议减肥者每次运动大于30分钟的原因。至于运动频率，如果条件允许，每天都运动当然减肥效果最好，但是，如果实在没时间，则可以考虑隔天运动，每周运动次数不少于3次。

如何科学制订适合自己的运动减肥方案呢？如果只是漫不经心随便运动，有空就大量运动，没空就不动，大部分减肥者或者希望维持体重者都达不到自己的目的。若忽视自身承受能力，一味追求高强度或大运动量，也会对身体造成危害。因此，必须按照有科学根据的运动方式和运动量来进行运动。减肥者可以参考官方推荐的运动减肥指南并结合自身情况来安排自己的运动减肥方案。

【案例分析】采用饮食控制与运动结合的方式减重

- **基本情况**

唐小曼，女，28岁，身高1.6米，体重65公斤，拟采用饮食控制与运动结合的方式将体重减至正常健康范围。

- **目标**

唐小曼首先要计算一下自己的BMI指数（$BMI=65/1.6^2\approx25.4$）。如果有条件也可以使用一些测量体成分的仪器，不但可以得到BMI数值，还可以了解体脂百分数、肌肉含量、上下肢左右肢体的平衡情况等。

按照中国人的体质特征，BMI指数小于18.5为体重过轻，在18.5到23.9之间为正常，在24到27.9之间为超重，大于等于28的为肥胖（参考P18 BMI判别标准）。唐小曼BMI为25.4，体重超重，唐小曼的目标是将体重减轻至正常健康范围，至少将BMI指数减至23.9，因此她要减重至$23.9\times1.6^2\approx61$公斤。

唐小曼需要减轻的体重是65−61=4（公斤）。由于安全健康的减重速度是每周减少0.25～1公斤。唐小曼确立了自己的目标是：计划用2个月时间减4公斤，即每周计划减轻体重0.5公斤。要想每周减少0.5公斤，亏空能量约5000千卡（根据中等强度运动时脂肪供能比以及脂肪的氧热价计算得出），将5000千卡分为两半，一半运动消耗，另外一半通过饮食控制摄入，每周运动消耗热量约为2500千卡。

• 运动方式、项目的选择

唐小曼没有重大病史，推荐的各种运动项目都可以选择。由于她闲暇时间比较多，依据她个人喜好，选择了慢跑、游泳和羽毛球为主。

• 运动强度

以中等强度运动为主。运动时心率大概在120次/分钟左右，此时女性消耗的能量为4～5千卡/分钟。

• 运动时间和频率

唐小曼若每周多消耗2500千卡的能量，采用中等运动强度时每天需运动70～90分钟。如果隔天运动（每周3次），每次需要运动160～200分钟。下面为唐小曼的一周运动减肥计划表。

	周一	周二	周三	周四	周五	周六	周日
清晨	慢跑 30～40分钟		慢跑 30～40分钟		慢跑 30～40分钟		
上午							羽毛球 90分钟
下午	慢跑 40～50分钟		慢跑 40～50分钟		慢跑 40～50分钟		
晚上		游泳 90分钟左右		游泳 90分钟左右		游泳 90分钟左右	量体重

另外一半能量消耗采用控制饮食的方法完成，每天减少高糖高脂肪的饮食摄入，例如，冰淇淋、小蛋糕、油炸和烧烤类食品，从而减少能量摄入约350千卡。控制饮食需要注意的是，一日三餐的主食、蔬菜以及优质蛋白质（如鸡肉、鱼肉、牛肉等）是需要保证的，可以适当减少零食和高热量的加餐。唐小曼特别喜欢吃巧克力蛋糕和烧烤，为了达到减肥目标，唐小曼可以把巧克力蛋糕换成苹果，而烧烤就不要再吃了，尽量吃蒸和煮的食品。需要注意的是，减肥不要进行过于严苛的节食，每天要保证有一定的能量摄入，才能保证身体维持正常的运作。可以通过仪器测量得出个人的基础代谢能量消耗，或者通过Harris-Benedict公式计算（具体见下页“小知识”）。前者数据可靠，后者简便易行。唐小曼每日所需基础能量$=655.10+9.56\times65+1.85\times160-4.68\times28=1441.46$千卡，但还必须依照运动量多寡与繁忙程度做适度调整，一般而言，实施减重计划当中的女性每天最好摄入不要低于1600～1800千卡的热量。

小知识

如何预测每日能量消耗?

总能量消耗由基础能量消耗、食物特殊动力作用和身体活动能量消耗三部分组成。基础代谢能量消耗是指人体在清醒、安静和空腹的状态下，室温18~25℃时的能量消耗，一般按一天的能量消耗来计算。

如果有条件，我们可以通过仪器来测量人体的基础代谢率，或者通过Harris-Benedict（1991）公式（源自《营养与食品卫生学》2012年版）来计算，然后乘以恰当的活动因子，从而计算出每日能量消耗（BMR）。

公式：

男性BMR（kcal）=66.47+13.75×体重（kg）+5×身高（cm）−6.76×年龄（岁）

女性BMR（kcal）=655.1+9.56×体重（kg）+1.85×身高（cm）−4.68×年龄（岁）

如果唐小曼在饮食上一直比较注意营养搭配，无法再减少能量摄入，那么若想完成2个月4公斤的减重目标，完全依靠能量的多消耗，则每天运动时间还要加倍。由此我们深刻体会到，长肉容易减肉难啊。在制订减肥方案和计划时，目标要合理可行，过高的减肥目标和过短的减肥周期，都会使减肥的过程变得十分艰难，很容易半途而废。此外，减肥是一个日积月累的过程，需要减肥者有恒心和毅力坚持下去，切不可三天打鱼、两天晒网。

合理的目标和减肥周期，科学的减肥方法，加上持之以恒的毅力，才能把保证减肥目标达成。

增加消耗
2500千卡
减少能量
2500千卡

第七章

怎样运动能增加减肥效果？

每天运动1～2小时虽然有助于减肥，不过对很多人来说太耗时间，无法坚持，究竟有没有更省时高效的减肥方法呢？减肥是不是只做有氧运动就行了呢？让我们了解最新、最先进的运动减肥理念和方法，以提高减肥的效果。

1. 有效消耗脂肪的运动负荷

经典而传统的减肥运动强度

运动强度是运动减肥成功与否的关键，在运动减肥的过程中，运动强度决定多少脂肪参与供能，从而决定减肥效果。我们以往提倡的是长时间、低强度的有氧运动能有效地刺激脂肪参与机体能量消耗，从而达到消耗脂肪、减肥的目的。这是世界公认的经典而有效的减肥运动强度。前面说过，在人体内部主要有三大能量物质，即蛋白质、脂肪和糖，其中，蛋白质的主要功能是构成机体组织和完成各种生理功能。因此，脂肪和糖是我们完成日常生活工作的两大最主要能量物质。安静状态时，我们主要依靠脂肪分解供能，其中，有少部分糖参与供能。随着我们运动强度的增加和心率的逐渐加快，脂肪参与供能的比例在减小而糖逐渐增加。那我们怎么知道体内的脂肪和糖代谢供能的比例在如何变化呢？呼吸商这个概念可以帮助我们清楚地知道此时糖和脂肪代谢的比例是多少。由此我们可以及时调整自己锻炼的运动强度，使脂肪参与代谢的比例尽可能地高一些。

小知识

什么是呼吸商？

呼吸商（RQ）是指单位时间内释放二氧化碳量和吸入氧气量的比值。呼吸商的大小与不同运动状态下参与供能的物质类型有关。

当机体处于安静状态时，呼吸商约为0.82。此时体内氧化供能的物质主要是脂肪，少量的糖参与氧化供能。

当运动强度逐渐增加，糖参与供能的比例会相应增加，脂肪会逐渐减小，呼吸商便会变大。活动中完全以糖氧化代谢时呼吸商为1；以脂肪氧化代谢时呼吸商为0.7。

经典的减肥运动负荷提倡小强度、长时间的有氧运动。不过这种运动强度需要每天维持较长的运动时间来达到减肥的目的。我们一起看看唐小曼用传统减肥方案的经历吧。

小知识

评定运动强度的方法

运动强度简单地说，可以用我们呼吸频率的快慢、心跳的速度来反映。例如，低强度的运动呼吸频率慢，心率也相应较慢；中等强度的运动呼吸频率和心率都加快；高强度运动的呼吸频率和心率会更快，甚至达到上气不接下气的程度。运动中不同强度对应的心率范围见下表，分别从最大心率和储备心率的概念列举了不同运动强度的对应值范围：

强度	储备心率（%）	最大心率（%）
低	＜20	＜50
较低	20～39	50～63
中等	40～59	64～76
较大	60～84	77～93
大	≥85	≥94
最大	100	100

最大心率=220−实际年龄；储备心率=最大心率−安静心率

下面以唐小曼为例计算中等运动强度的心率。

- 最大心率法

最大心率=220−年龄=220−28=192次/分；

中等强度运动的心率范围：

64%～76%的最大心率，即123～146次/分；

- 储备心率法

储备心率=192−70=122次/分；

中等强度运动的心率：

40%～59%的储备心率+安静心率，即119～142次/分。

【案例分析】

•基本情况

唐小曼，28岁，身高1.6米，体重65公斤，腰围100厘米。安静时候的心率大约是70次/分。

•目标

减掉15公斤体重，因为处于这个体重的时候可能整个体型看起来会比较苗条。

•分析

我们可以一起从理论上帮小曼算算，用传统运动强度需要运动多久才能达到目标。根据我们在上文的计算，她进行低强度运动时的心率应该保持在112次/分左右，选择每周5次，每次60分钟快走的运动方式。这样大约每周可以多消耗1千多千卡的能量，按照低强度运动时的呼吸商为0.85计算，这些能量大约50%来自脂肪消耗，50%来自糖的消耗。根据1克脂肪提供大约9千卡能量，而1克糖提供大约4千卡能量的标准，大约每周唐小曼额外消耗57克脂肪和128克糖。因此，唐小曼按照传统推荐的低强度运动大约需要81周左右的时间可以减掉15公斤体重。

当然，这只是理论上的计算，现实情况中还有运动后能量消耗增加以及饮食方面的影响，所以，实际需要的时间可能会有一些误差。通过1年半的时间减掉15公斤体重，是非常合理的减重速度，不会因为减肥而影响健康。

减掉15公斤要用一年半的时间，你可能认为时间太长了。而且有研究数据发现，大部分减肥的人用长时间低强度的运动方式减重达到体重5%的时候就停滞不前了。例如，一个体重80公斤、身高170厘米的男性，在坚持连续3个月、每天慢跑60分钟的运动，成功减掉4公斤以后，继续相同的运动时体重却不再继续下降了。这有可能是机体在能量消耗和摄入之间达到了一个新的平衡。同理，唐小曼按照传统减肥方案进行运动减肥，可能还会出现一个情况就是减掉3.5公斤左右的时候就停滞不前了。

那如何缩短减肥周期，避免上述停滞的情况发生呢？是否还有别的选择和解决办法呢？答案是肯定的。

更快燃烧脂肪的运动强度

在传统减肥运动强度的理论基础上，国际上提出“最大脂肪氧化强度”理论。最大脂肪氧化强度是指在单位时间内脂肪氧化最大值对应的运动强度。在这个强度下进行运动，可以在相同时间内最大程度地消耗脂肪参与能量代谢，从而达到减肥最大化的目的。

上文我们提到，在运动过程中糖和脂肪是主要的供能物质，在不同的运动强度中，这两种物质供能的比例不相同。在中低强度时，脂肪相对消耗得多，不过因为运动强度过小，脂肪消耗的绝对值小，需要长时间运动才能有减肥效果。运动强度偏大，脂肪消耗得少，糖消耗得多，减肥效果也不明显。因此，运动强度不能过大也不能过小，要有一个适宜的强度，在适宜强度下，单位时间内脂肪氧化达到最大值，也就是“脂肪氧化速率”达到最大值。研究发现，随着运动强度的增加，脂肪氧化的速率先增加后降低。从下图中我们可以清楚地看到，脂肪氧化速率曲线呈倒“U”形。这种变化意味着脂肪氧化速率上升过程中，脂肪的消耗量是在增加的，到达脂肪氧化速率最大值后脂肪的消耗量也达到最大，随后开始下降。因此，对于减肥者而言，如果能持续以最大脂肪氧化强度进行运动，就可以起到事半功倍的减肥效果。

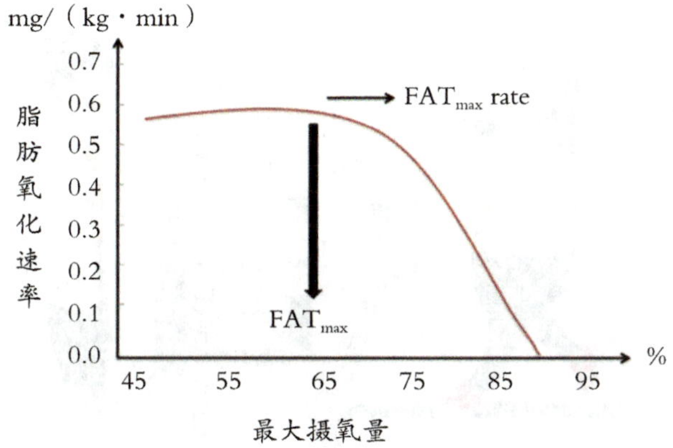

当然，在不同的人群中最大脂肪氧化强度存在较大差异，尤其在普通人和运动员之间。普通人的最大脂肪氧化强度远远低于运动员，例如，优秀运动员刘翔达到最大脂肪氧化强度时其心率为90%最大心率，而唐小曼达到最大脂肪氧化强度时可能仅为70%最大心率。这意味着通过运动训练可以提高最大脂肪氧化强度。

那为什么要提高最大脂肪氧化强度呢？低一点又有什么关系呢？这里就要先讲一讲运动量这个概念了。运动量是单次运动中的运动强度和运动时间二者的乘积。运动总量还考虑了运动频率这个因素，是运动频率与运动强度和运动时间三者的乘积。为了达到最好最快消耗脂肪的效果，就应该找到最大化这三个因素的结合点，即能持续最长时间范围内的最大运动强度，此时机体消耗脂肪的总量是最大的。也就是说，唐小曼和刘翔分别以他们的最大脂肪氧化强度运动30分钟，这个强度相对于他们个人而言已经是最大化运动总量的强度了。那就不难看出，最大脂肪氧化强度越高，在同样的时间内消耗的脂肪总量越大，就越有利于减肥。

研究发现，不同个体的最大脂肪氧化强度存在较大差异，最大脂肪氧化强度的大小与最大摄氧量的大小有相关性。大部分研究指出，最大脂肪氧化强度通常发生在39%～65%最大摄氧量强度之间。还是以唐小曼为例，假设她达到最大脂肪氧化强度时为70%最大心率，依然是每周5次，每次60分钟的走路运动。此时唐小曼运动中的心率应该在134次/分左右。计算之后她减掉15公斤体重的目标只需要40周左右就可以达到。同时，随着唐小曼运动时间的延长，她的最大脂肪氧化强度还会有所提高，那么后期减肥的效果会更加显著而迅速。

专业人员为唐小曼制定更有效的运动减肥负荷

间歇性大强度运动

除了“最大脂肪氧化强度”理论外，国际上最新的运动减肥理论还有“间歇性大强度运动法”。

间歇训练法是指对多次练习时的间歇时间做出严格规定，使机体处于不完全恢复状态下，反复进行练习的训练方法。将这种训练方法应用于减肥的运动方案，可以打破运动减肥后期的体重平台期，还能进一步提高练习者的心脏功能。间歇训练法的基本类型有高强度间歇性训练、强化性间歇训练和发展性间歇训练三类。比较适用于普通人进行减肥需求运动的方式是第三类，即发展性间歇训练。

这种训练方式的特点是：一次运动的时间比较长，大约5分钟以上；运动强度比较大，心率维持在大约160次/分；间歇时间的运动心率维持在120次/分左右，以走或慢跑为主。这种较大强度的运动和较小强度运动相结合，交替反复的运动能有效提高练习者的有氧代谢能力，提高心血管机能。较大强度的运动会使身体在运动终止之后依然处于一个较高能耗的状态，使机体充分恢复在运动中消耗的能量，这个阶段我们称之为运动后过量氧耗。运动后过量氧耗是指运动后恢复期内为了偿还运动中过度消耗的氧气，以及在运动后使处于高水平代谢的机体恢复到安静水平时所消耗的氧量。因此，在运动结束后，当我们心率慢慢恢复平稳，呼吸缓缓恢复时，机体还是在继续消耗脂肪补充能量恢复所需。例如，肌肉中消耗的肌糖原以及为了维持运动中血糖的稳定而消耗的肝糖原，都需要在这个阶段重新合成，在合成的这个过程中，我们还需要比安静时更多的氧气和能源物质来进行补充。所以，利用这个消耗，我们还能进一步增加脂肪的氧化代谢供能。

下面还是以唐小曼为例，看看她在减肥运动方案的后期，是怎么完成一次间歇训练的：唐小曼在做好准备活动之后，开始进行今天的间歇训练课。

走跑结合的间歇运动法（心率：次/分）

间歇训练课安排表

	运动阶段	间歇阶段
运动方式	跑步	快走
运动中心率	160次/分左右	120次/分左右
运动时间	5分钟	大约需要3～5分钟
能量消耗	126千卡	70千卡
总运动时间	60分钟（运动阶段与间歇阶段交替进行可以完成6组），总能量消耗494千卡	
备注	运动从快走开始，直到小曼的心率达到120次/分，保持这个速度5分钟左右，让心率稳定在120次/分。然后开始跑步，速度逐渐加快直到心率达到160次/分，保持这个速度让心率稳定在160次/分，持续5分钟。然后快走，直到心率降到120次/分，保持这个速度5分钟左右，让心率稳定在120次/分。接下去进行下一组加速，重复这个过程。总时间达到60分钟，放松，休息	
比较	如果不用这种间歇训练法，而是选择心率130次/分的中等强度持续运动60分钟，通过计算消耗的能量是340千卡，低于间歇训练消耗的总能量	

不同阶段的运动方案

在上文中提高到了运动减肥的三种运动强度，除此之外，还有各种各样的新理论、新假说。不论是哪种方法，通过运动减肥的核心原则是尽可能多地燃烧脂肪来提供运动中所需的能量。为了达到这个目的，我们必须调整好运动强度和运动时间，使锻炼者不论是在运动过程中还是在运动结束后，都能最大化地消耗脂肪，达到高效减肥的目的。我们也应该能够看出在上文中提到的三种运动强度，其实是逐渐增高的一个趋势。随着运动强度的提高，相应的运动时间一定会缩短。所以，我们在制订运动减肥的方案中，往往是多个运动强度穿插进行锻炼，从而达到我们在最短时间内，动员最多脂肪参与氧化供能的目的。

对于体型较胖、有氧运动能力较差的人，不推荐在运动早期采用较大强度的运动方式，因为在这个阶段他们利用脂肪供能的能力较差，机体运送脂肪酸以及肝脏代谢脂肪酸的机能都没有得到提高，此时较大强度的运动反而会加重他们肝脏脂肪代谢的负担，有可能出现运动早期短暂的脂肪肝现象。

那么针对本章介绍的三种运动方式，究竟在什么情况下选择何种运动强度呢？下面这张表格供您参考，还是以唐小曼为例。

不同阶段运动强度的调整方案表

	运动方式	运动强度（以心率为判断依据）	运动时间与运动频率	适应人群
初期（第1～2个月）	步行	较低强度（心率100～120次/分）	30～60分钟 每周5次	没有运动经历或者刚开始参加训练
中期（第2～3个月）	快走或跑步	最大脂肪氧化强度（心率130次/分，锻炼1个月后要重新评估）	60分钟 每周5次	曾经有过运动经历或者已经运动一段时间以后
后期（3个月以后）	走、跑组合	间歇训练法（心率120～160次/分）	60分钟 每周3次	在运动减肥2个月后，体重已经下降，同时体能有所上升，为了进一步巩固减肥效果并提高运动能力，可以安排一些间歇训练

2. 减“肥肉”与增“瘦肉”的问题

“瘦肉”与“肥肉”

现在生活水平提高了，大部分人都不再为了温饱而担心了。反而开始担心另外一个问题——肥胖！甚至一到单位体检的时候，有些人都不敢看自己血脂、血糖的化验单，也不敢量血压、体重，因为都是高啊！罪魁祸首可以算上脂肪超标一个。我们都知道减重的目的是减脂，也就是减“肥肉”，但是在减肥肉的过程中，人们往往只关注体重计的数字变化，而不太观察自己形体的改变。这是很多人制定减肥目的的一个错误。减肥的最终目的不是简单地表现在体重计上的数字变小了，而应该是整体状况从内而外的改善，即脂肪减少了，肌肉增加了，体形优美了，腰线现形了，精神变好了，这样健康就有了。所以，减肥不一定会降体重，尤其是通过运动减肥的初期，体重很有可能不降反增。当然随着运动进程的推进，整体体重在中后期会明显下降的。

在我们国家，大部分人都是肌肉含量偏低的，尤其有些苗条的女性体内肌肉含量非常少，看似苗条实则都是脂肪。胳膊捏起来软软的，力量也非常小。这也是很多女性的一个减肥误区——只想减肥肉，不想增肌肉。

我们希望通过运动的方式减轻体重达到减肥的目的，但是往往在减肥的早期，我们发现体重不仅没有减轻反而增加了。这是为什么呢？原因很简单，身体成分发生了改变，机体在运动过程中消耗脂肪的同时，肌肉得到了锻炼变得粗大了。肌肉的密度远远大于脂肪，因此，早期显现出来的结果是体重增加了，但是看起来身形确实苗条了。

小知识

身体里哪些属于“瘦肉”和“肥肉”？

平时我们所说的“瘦肉”就是身上的肌肉，而“肥肉”则是指脂肪。肌肉又分为骨骼肌、心肌和平滑肌。其中重量变化最大且会受我们大脑控制的是骨骼肌。它可以按照大脑的指令自由地收缩和放松，比如我们上臂内侧的肱二头肌，大家平时搬东西、拧重物的时候都可以看到这块肌肉鼓起来。而脂肪呢，基本是不受我们控制的，受到地球引力的作用而自然下垂。

力量训练的必要性

体内肌肉的多少在减肥过程中发挥着重要作用，尤其在减肥成功后的维持阶段，这是因为肌肉本身比脂肪更消耗能量。比如，同样都是85公斤的两位男性，身高也都相同：一位是健美先生，体脂率不到7%；另一位是大腹便便的老板，体脂率高达35%。两个人什么都不做，只是看一场电影，健美先生消耗的能量远远高于后者。这就是因为健美先生肌肉含量非常高，这些肌肉即便是他在安静状态时，也会消耗很多的能量供应代谢所需。再举个例子，专业运动员在退役之后的1～2年内，虽然不再训练也没有控制饮食，可能体形都不会发生明显改变，但过了4～5年之后，我们会发现这些运动员开始明显发展胖了，原因就在于当初训练所增加的肌肉渐渐都萎缩了，体内肌肉含量减少，不能再保持较高的能量消耗水平了。因此，通过力量训练增加肌肉的含量是减肥运动方案中不可或缺的一个内容，增加体内肌肉的含量也是保持减肥效果的重要环节。

总之，力量锻炼对减重、维持体重的益处多多，一方面可以增加肌肉量起到塑形的作用，另外一方面可以通过增加安静时机体的能量消耗有效维持减肥的效果。

力量锻炼的方法

力量训练在这里主要是指肌肉耐力力量训练，包括徒手和负重训练。大家不要一谈到力量训练就联想到健身房里常见的哑铃、杠铃这些器械。我们主要推荐给大家的是徒手的力量训练和小负荷的力量训练，训练的部位主要包括上肢、下肢还有腰腹部。这里介绍几个非常简单也容易完成的力量训练（不分男、女）。

肌肉耐力力量训练负荷表

训练部位	训练阶段	训练方法	重复次数或时间	重复组数	训练频率
上肢肌肉	初级 中级 高级（负重）	上臂弯举 俯卧撑	10～20次 20～30次 30～50次	2～4组 2～4组 2～4组	每周2次 每周2次 每周2次
股四头肌	初级 中级 高级（负重）	靠墙静蹲	30秒～1分钟 1～3分钟 3～20分钟	2组 2组 2组	每周2次 每周2次 每周2次
臀部肌肉	初级 中级 高级（负重）	腿后伸 弓箭步蹲	20～40次 40～60次 60～100次	2组 2组 2组	每周2次 每周2次 每周2次
腹部肌肉	初级 中级 高级（负重）	卷腹 仰卧举腿	10～20次 20～30次 30～50次	2组 2组 2组	每周2次 每周2次 每周2次
腰背部肌肉	初级 中级 高级（负重）	俯身侧平举 髋部上台	10～20次 20～30次 30～50次	2组 2组 2组	每周2次 每周2次 每周2次

备注：力量训练的方式很多，这里只是选择一些经典的动作作为推荐。

上臂弯举

俯卧撑

靠墙静蹲

腿后伸

弓箭步蹲

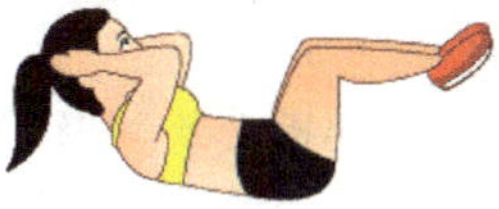

卷腹

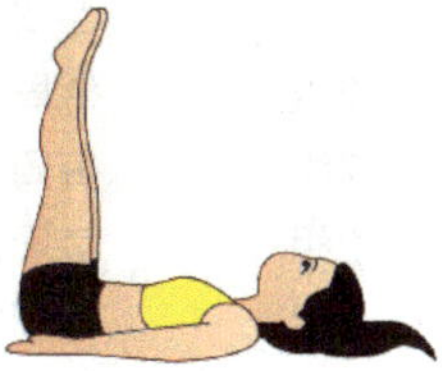

仰卧举腿

俯身侧平举

髋部上抬

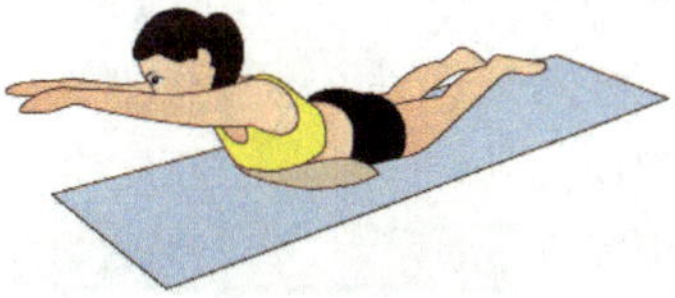

燕式背飞

每周肌肉力量训练2～4次即可，如果是刻意需要增加肌肉含量、凸显肌肉线条，可适当增加训练次数和组数。每次力量训练结束后都必须进行拉伸放松，简单地说就是每次练习动作后再进行一次该动作反方向的运动。例如，做完俯身侧平举后，再尽力向前屈脊柱，这样腰背部的肌肉就得到了拉伸。

这里给大家推荐一个特别好的锻炼核心力量的训练方法——平板支撑。所谓核心力量是由附着在腰椎、髋部和骨盆联合周围的肌肉和韧带产生的力量，它在大多数竞技运动项目中都起着重要的作用，不仅能够维持身体平衡，保证专项技术动作的稳定发挥，而且也是运动员发力的主要环节，是上下肢协同用力的枢纽，在力量传递的过程中起到承上启下的作用。增加核心力量对于普通人可以有效地预防和缓解下腰背疼痛以及年老后摔倒的可能。

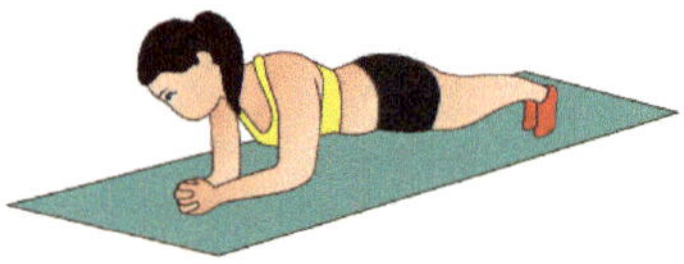

平板支撑（初级）

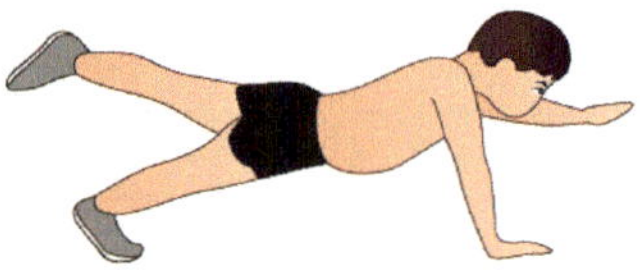

平板支撑（高级）

不同阶段的力量训练方法表

训练阶段	训练内容	训练次数或时间	训练组数	训练频率
初级	跪卧撑	10次	2组	每周1次
	卷腹（和仰卧举腿隔周进行）	20次	2组	每周1次
	燕式背飞	20次	2组	每周1次
	靠墙静蹲	30秒	2组	每周2次
	提踵	30次	2组	每周2次
	平板练习	20秒	2组	每周2次
中级	跪卧撑	20次	2组	每周1次
	卷腹（和仰卧举腿隔周进行）	40次	2组	每周1次
	燕式背飞	40次	2组	每周1次
	靠墙静蹲	2分钟	2组	每周2次
	提踵	50次	2组	每周2次
	平板练习	2分钟	2组	每周2次
高级（负重）	俯卧撑	20次	2组	每周1次
	卷腹（和仰卧举腿隔周进行）	50次	2组	每周1次
	燕式背飞	20次	2组	每周1次
	靠墙静蹲	10分钟	2组	每周2次
	提踵	80次	2组	每周2次
	平板练习	5分钟	2组	每周2次

3. 持续运动和间断累计运动对减肥的不同效果

持续运动是指在一次运动中，基本没有停歇地完成整个运动计划。例如，唐小曼计划进行一次60分钟的步行运动，那么在整个60分钟内，她将严格按照运动计划设定的步行速度，没有停歇地完成这60分钟的步行锻炼。不过在当今社会，很多人因为工作生活的压力没有大块的时间运动，那么60分钟的运动能不能分成三次、每次20分钟完成呢？由此引出一个科学问题——有氧运动中，相同运动量，持续性和间断性运动，哪个减肥效果更好？

从目前国内外的研究结果看，尚没有统一的结论。一方面，一些研究表明，只要运动的时间总量相同，无论是持续运动还是间断运动，消耗的能量大体是相同的，因而减肥效果是一样的。也就是说，60分钟中等强度的运动可以通过大约3次、每次20分钟的较大强度运动来完成，而减肥的效果大致相同，关键在于能否坚持。

另一方面，有研究证明两种方式的效果有差别。有人认为间段性运动比较好，由于运动后过量氧耗的存在，间段多了，运动后过量氧耗增加，所以导致消耗总量增加。也还有人提出，持续性运动效果好，如果单次运动的时间不足30分钟，达不到减肥效果，因为要让脂肪分解所需的酶的活性提高，至少运动30分钟以上，持续时间越长，脂肪动员的比例越高。

既然没有研究结论，采用哪种方式好呢？最好的运动方案是依据个人身体条件和日常作息特点而定。坚持适合自己的方式运动，逐步提高运动量，运动量的提高单从减肥目的出发的话，提高运动时间更重要。但是我们知道，减肥不简简单单是消耗能量，对于身体机能的提高是更重要的方面！所以建议在有规律运动一段时间（大概4～8周），当机体的有氧代谢能力有所提高、整个身体的运动机能都有所适应之后，可以采用较大强

度的间歇性的锻炼方法，这有助于提高最大摄氧量，提高胰岛素的敏感性与活性，改善内皮细胞功能（与心血管健康有关）、降压效果以及脂肪的有氧氧化速率。

4. 运动减肥怎样才能坚持住?

制定适宜的目标

- **总体目标**

指最终希望减掉的重量。按照正常体重标准，唐小曼的最终目标至少应该减掉4公斤，当然她的要求可能更高一些，想要更瘦一些，那最多可以减掉18公斤。

- **阶段性目标**

制定阶段性的目标更容易使每个目标逐个实现，使你最终的目标得以完成。减肥的速度最高不超过每周1公斤，减肥过快对健康不利，过慢效果甚微进而可能难以坚持。以唐小曼为例，按照正常的体重指数范围她的体重应该在47～61公斤之间。她现在的体重是65公斤，那她应该减掉的体重是在4～18公斤之间。4公斤相对而言是一个比较容易实现的目标，基本不需要分阶段，但18公斤就是一个高难度的任务了。要完成这个目标，就必须分阶段进行了。要将18公斤分阶段减掉，首先，对于每个阶段的任务而言比较轻松，心理期望值比较高且容易实现；其次，将目标分阶段进行，当每一个阶段的目标在逐个实现之后，会更有信心和毅力去完成下一个阶段的任务。

如何应对运动减肥的蜜月期、魅力丧失期、厌倦期和放弃期?

- **蜜月期**

处于这个阶段的减肥者，对待减肥这件事情就像恋爱中男男女女对待恋人一样，情绪高涨，信心十足，每天都会严格完成运动计划。因为可能你马上就要参加一个特别重要的场合，你希望能通过这段时间的减肥让自己脱胎换骨，焕然一新。

这个时期有这种劲头是好的，但是要把握好度和控制好期望值，否则这个阶段运动过度，“药”下得太猛了，容易受伤反而适得其反。

• 魅力丧失期

这个阶段很多减肥者都没有熬过去，“牺牲”在这条漫漫减肥路上了。当短时间内没有看到体重秤数字的明显下降，刚开始饱满的信心和劲头开始消退了，于是心态很快从主动向被动转换，执行运动计划开始三天打鱼、两天晒网了。

这个时期是很难的，身体的疲劳在其次，关键是心理的期望值没有实现，使得减肥行动变得消极。我们在一开始减肥的时候，就应该有充分的思想准备，做好长期“抗战”的打算，这也是为什么在前文中，我们要将减肥的目标分阶段进行。这样我们在每个阶段都可以看出小小的变化，实现每个阶段的目标，从而避免进入魅力丧失期。

• 厌倦期

此时不再单单是心理上的消极，运动带来的疲劳感，以及运动过程的枯燥无味，也会给我们继续前进的步伐带来阻力。每天会给自己找各种借口逃避运动。

当我们意识到自己出现这些症状的时候，一定要赶紧采取行动了。要克服运动过程中的厌倦期，可以从身体和心理两方面入手。身体方面，合理安排好运动，包括选择适合的运动项目，控制好运动强度，避免过度疲劳。心理方面，增加自己的运动动机，提高运动的趣味性。如果以往是独自跑步或者是在室内跑步机上运动，现在可以选择与朋友结伴而行；然后就是改变熟悉的运动方式，改跑步为骑车、走路换成打球等。

• 放弃期

此时可能你已经将运动减肥计划几乎快要丢到脑后了，不再称体重，自暴自弃了。如果已经到了这个阶段，说明这个减肥计划几乎失败了，是时候开始制订一个的新的计划了。总有一种减肥计划适合你，总有一种运动方式吸引你，总有一种健康的生活方式会形成，在这个过程中，我们最需要的就是强大的毅力和充分的信心。

维持减肥期间的运动习惯

当我们终于苦尽甘来，实现了减肥的目标，这个时候可以说革命已经成功，但是就不需要再努力了吗？答案是一个大大的否定！减肥就好像打仗，都说打江山容易守江山难，是的，减肥的道理是一样的，不过是减也难守更难啊。要保持住我们的胜利果实，要一直美下去，就不能停下我们运动的脚步。不过在减肥目标已经达到以后，我们就不再需要保持那么大量和那么长时间的运动了。此时，我们需要制订一个终身的运动计划了，第一是维持我们辛辛苦苦减肥的效果，第二达到促进健康、改善生活质量的目的。

适合于大部分成年人的最基本的终身运动计划：每周5次，每次30分钟，运动方式可以是步行或者慢跑。重点是心率至少达到50%最大心率的。还是以唐小曼为例，她可以选择早上或者傍晚，步行30分钟，心率维持在130次/分的步行速度，每周完成5次。这样我们的小曼同志就可以继续维持住她的苗条身材了。当然，既然是终身的运动计划，运动方式的选择尤为重要，我们必须培养一个自己喜欢的、能够胜任的，并且从中还能够享受到乐趣的运动方式。这个境界远远高于以减肥为目的的阶段，当我们一旦找到并且养成这种运动习惯以后，运动能带给我们不仅仅是身体的健康、体形的优美，更重要的是给我们精神的愉悦感。这就是为什么爱运动的人看起来精力充沛，而且充满活力，显得年轻。

第八章

运动减肥中的『体重平台期』『体重反弹』怪现象

在减肥初期往往体重会明显下降，但是随着时间的推移，体重很难再降，或者处于停滞状态，甚至一部分人开始体重回升，这是困扰减肥人群的一个普遍问题。那么，产生这种现象的原因是什么?如何解决呢?本章将为您解答这一难题。

1. 探究“体重平台期”

是否存在“体重平台期”？

在减肥过程中，有些人会出现初期体重下降明显，但到一定程度后，即使增加锻炼时间或者运动强度，体重也难以降低、处于停滞状态，这种现象常常被称之为“体重平台期”，即我们日常所说的“减不下去”，这也是困惑大量减肥人群的一个普遍问题。是否真的存在“体重平台期”这一生理现象呢？如果存在，那它的产生又意味着什么？如何才能突破“体重平台期”？在回答这些问题前，首先要弄清楚“体重平台期”产生的原因及其实质。

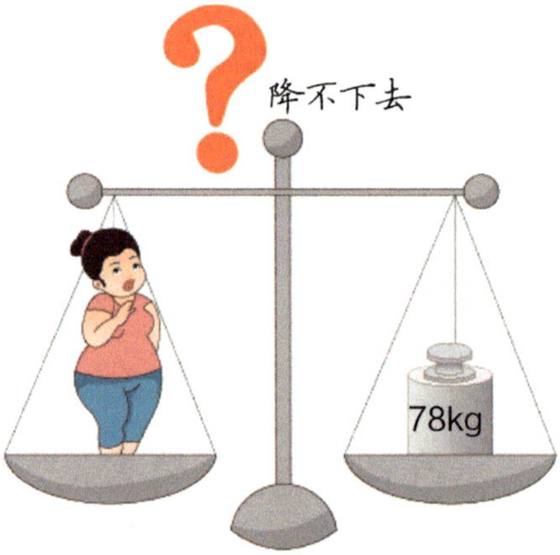

形成“体重平台期”的原因及实质

“体重平台期”也就是通常我们所说的减肥停滞期。为什么会产生这种现象？

人们通过节食限制热量摄入和运动增加热量消耗时，身体会错认为自己处于饥饿或者能量缺乏的危急状态，调节身体正常代谢的基因会发出类似于“饥荒来了”的信号，从而启动我们身体的自我保护机制来最大限度地维持生存，即最大程度存储能量（脂肪被认为是最佳的储能形式）并最大限度降低自身脂肪代谢水平。这就是当我们为了控制体重而减少热量摄入一段时间后，身体就会产生适应现象，将所摄取的食物热量尽量吸收并最有效地利用，同时降低身体的基础代谢水平、减少能量消耗，于是热量摄入与消耗又达到一个新的平衡状态，体重就不再下降，最终出现所谓的“体重平台期”。实际上，这里体现的是一个生理意义上的“刺激—适应”过程。这种适应情况也因人而异，只要找到问题的所在及解决问题的合适方法，完全可以规避所谓的“体重平台期”。

如何突破“体重平台期”？

突破“体重平台期”的关键就是打破身体在前期重新建立的能量平衡状态，最重要的两点是调整饮食方案和改变训练方案，以进入一个新的负平衡状态，也就是保持能量摄入小于能量消耗，才能达到持续减脂的目的。

饮食方案方面，不能一味地减少热量摄入，特别是以节食方式来减肥的人群，要做到饮食营养的科学与合理搭配，突出强调碳水化合物（主食类）和蛋白质的补充。很多人减肥过程中有一个误区，就是不吃碳水化合物，这是完全错误的！长期过度限制碳水化合物的摄入将导致低血糖反应，既增加运动的危险性，又容易引起暴饮暴食的发生并导致血糖变化幅度过大；缺乏糖类物质这一“引子”，脂肪的代谢水平也将会出现下降。因此，在所谓的“体重平台期”需要及时调整饮食营养补充方案，保障必要的碳水化合物补充，增加膳食纤维的摄入；对于完全或极度限制主食的人，更需适度增加碳水化合物和蛋白质的补充。

训练方案方面，需要根据减肥情况，在专业人员的指导下，及时调整训练方案。原则是：

第一，变换有氧锻炼的形式、改变不同的锻炼刺激方式。

例如，长期参加减肥训练营或自己设计安排减肥计划的人，不宜总是以同样的有氧运动方式进行锻炼。假设只是以慢跑的形式进行运动，经过一段时间后，机体会产生适应，有时会形成能量节省化，同样的时间、同样的训练方式，消耗的能量会下降。这时就要求我们及时、适时调整锻炼方式，也就是变换有氧锻炼的形式、变换训练刺激。通常可以进行自行车骑行、户外远足、登山、有氧操等，所有这些均可以适当加入锻炼计划中。

第二，调整有氧锻炼的运动负荷。

前面已经说到随着对运动的适应，在新的平衡打破之前，体重很难会有变化，因此，除了前述的改变运动方式外，还有就是要适时调整有氧锻炼的运动负荷。由于一段时间的运动后，机体对原有运动负荷产生适应，同时运动能力提高，因而及时改变有氧锻炼的运动强度和运动量就显得尤为重要。通常的形式是增加有氧锻炼的强度、提高脂肪最大氧化，或者降低强度延长有氧锻炼的时间、增加脂肪燃烧的时间。但不能过度延长锻炼时间，以防产生运动性疲劳或劳损，建议有氧锻炼的时间控制在1.5～2小时以内。

第三，增加力量训练，改善身体肌肉组成。

通过进行系统的抗阻训练，增加身体肌肉量和激活肌肉，以提高基础代谢水平，加快安静状态时脂肪代谢从而达到减脂的目的。这时需要注意抗阻力量训练的合理安排，遵循循序渐进、适度有效的原则，同时，注意饮食中补充足够的蛋白质摄入，以防止由于抗阻力量训练导致肌肉蛋白降解过多而引起肌肉量下降。

【案例分析】

•基本情况

林××，女，20岁，身高162厘米、体重72.92公斤、体重指数（BMI）为27.8，大学三年级在校生。日常饮食总量少，主食、蛋白质和脂肪类摄入少，以蔬菜和水果为主；平常每周有3次30～40分钟的田径场慢跑锻炼，体重2年来没有明显下降，自称处于“停滞期”，减肥信心不足。

•分析

林××减肥状态属于所谓的“体重平台期”现象，在控制饮食和外加锻炼的情况下，减体重仍然没有明显的好转。其饮食控制总热量虽然偏低，但是由于三餐均比较缺乏碳水化合物，尤其缺少蛋白质的补充，而且水果摄入的量偏大，导致膳食营养搭配不均衡；同时，通过检测发现其静息代谢水平低，因此，林××属于饮食控制不合理、锻炼方式不对的案例。

•建议方案

1）根据静息代谢水平确定每日摄入总量，均衡膳食营养，配餐中加入一定量的碳水化合物、瘦肉及鱼类蛋白质。

2）在原有锻炼的基础上，每周增加4次、每次1.5小时的自身体重力量锻炼（含准备活动和放松）。

•结果

膳食量较以前增加的基础上，第1周后的体重下降1.8公斤，第2周后体重下降3公斤，第3周后体重下降4公斤，第4周后体重下降4.9公斤，且身体成分测试结果显示体脂率下降明显、肌肉含量稍微升高。

上述案例说明，所谓“体重平台期”的出现是因为没有找到减肥效果不好的原因及解决问题的方法，这需要根据个体情况进行分析，有针对性地制订膳食营养方案和训练方案才能突破所谓的“体重平台期”。

【案例分析】

•基本情况

齐××，女，21岁，身高171厘米、体重79.52公斤、BMI为27.2，大学四年级在校生。曾经有过约10年的田径业余训练，自我感觉脂肪和肌肉质量较一般女生高。日常饮食总摄入量一般，但没有自我严格控制饮食或节食。每周有3次左右的田径场快跑，每次30～40分钟，但体重近2年不见下降，出现所谓的“体重平台期”。

•分析

1）该女生有田径业余训练背景，因此，本身的肌肉力量素质较好，导致其在进行自我控制减肥时，采用的跑步形式为快跑，而且每次都是大汗淋漓，而且持续时间稍短，说明锻炼的强度不合适，整体上消耗脂肪较少。

2）饮食中没有严格根据自身的身体需要控制总热量的摄入，而且经常表现出很大的随意性。因此，可以认为是锻炼方式不合适、锻炼强度不科学、饮食补充不合理的案例。

•建议方案

1）降低原有快跑的速度，改为慢跑，每周5次、每次1～1.5小时、心率控制在115～125次/分的范围。

2）每周增加2次自身重量的力量训练，分别为上肢—中段、下肢—中段训练，每次抗阻训练约45分钟。

3）控制饮食总热量的摄入，同时强调三餐的均衡和搭配。

•结果

5周后，该女生的体重下降到72.13公斤，突破了2年体重变化不超过2公斤的“魔咒”。

2. 解密“体重反弹”现象

什么是“体重反弹”？

人们在减肥初期通常能取得较好的效果，短期内体重会明显下降，但是随着时间的推移，一部分人反而会出现体重回升，甚至超过原有水平，这种现象被称之为“体重反弹”，它通常主要发生在通过节食达到减肥效果的个体身上。

无须诧异于体重的偶尔反弹

在理解“体重反弹”前，首先，要明确人体每日体重是有正常波动范围的，即每日早晚、餐前餐后都会有正常的波动，一般会有1～2公斤左右的变化，这与身体所处的状态密切相关。比如，运动过程中排汗多，而补水不够会出现体重的明显下降，但随着补水的逐步充足，体重就会出现逐步回升；不同的情绪状态、女性处于不同的生理周期都会发生一次性或短期的体重变化，因此，对这种所谓的“体重反弹”无须诧异。

“体重反弹”的原因及实质

现实生活中，确实存在着大量的“体重反弹”实例，这严重挫伤了人们减肥的积极性，而且“体重反弹”后也将会对身体的健康状态带来有害影响，它将会打乱神经系统的相对稳定性、降低机体的免疫能力，而且情绪波动较大，严重影响心理状态。因此，针对发生真正意义上的“体重反弹”，需要认真分析导致其产生的原因并努力寻找解决之办法。

大多数人“体重反弹”的原因主要是：

1）经过一段时间的节食，体重下降到一定水平后，对后期的饮食没有限制，采取放任的状态，存在着摄入热量过高，远远大于所消耗的能量，正所谓没有管住嘴，导致体重在短期内迅速攀升，这种现象是最为普遍，也是最易对身体造成伤害的；

2）减肥到达一定目标后，不进行运动锻炼或者运动锻炼的时间和强度远远低于减肥期间的要求，导致机体的热量消耗急剧减少；

3）上述两种原因都有；

4）心理情绪波动明显、精神压力较大，导致摄食中枢亢奋、进食量猛增；

5）环境和遗传因素的影响。

哪些人容易发生“体重反弹”？

饥饿节食减肥者：长期节食、饮食控制过狠，导致身体的内环境发生紊乱，一旦放开饮食后体重将会迅速飙升。

快速减肥者：快速减肥通常是通过发汗或者腹泻来实现，其实减掉的是身体的水分，而且过量发汗或者服用腹泻药物导致机体脱水将会影响身体的健康状态，甚至导致死亡。因此，所谓的快速减肥后只要补充了足够的水分，体重将会立马回升。

遗传性肥胖者：由于该类人群其肥胖遗传基因决定了其减肥历程要比一般人来得更加辛苦，因此，其“体重反弹”几率更大。

未找出原因盲目减肥者：有些人是单纯由于热量摄入过多导致脂肪堆积形成的肥胖；有些人可能是由于病理性原因导致的肥胖。因此，需要分清类别，如果未找出原因盲目减肥，将不可避免地出现“体重反弹”现象。

小知识

为什么单纯节食减肥容易反弹？

基础代谢随体重的减少而降低，随肌肉质量的增加而提高。因此，单纯节食，在开始阶段虽然体重下降明显，但随着体重和肌肉质量下降，机体代谢水平也下降，意味着单位时间机体消耗能量的速率降低，导致减重速度放缓或者体重不降，影响了减肥效果。此外，过度节食的减肥方式会使减肥过程变得无比痛苦，也很容易忍受不了而放弃控制饮食，造成体重反弹甚至前功尽弃。

如何解决运动减肥中的“体重反弹”问题？

要正视反弹现象。找出可能导致个体出现“体重反弹”的原因，明确属于哪一类问题，不要病急乱投医、盲目采取措施，要有针对性地去解决。

要树立正确的减肥理念。要有持之以恒的决心。认识到减肥不易，不可能一蹴而就，因此，在设立减肥目标时需要根据实际情况而定，切忌短期内减重过多，导致激素水平出现大幅度的波动，同时心理情绪变化大；一般4周内女性降低体重8%～10%、男性降体重10%～12%为安全范围。维持体重更不易，自身需要有强烈的体重控制欲望，并且有着长期为之努力的决心。

养成良好的生活方式和饮食习惯。日常做到：定时定量、细嚼慢咽、八分饱；食物多样化、均衡膳食、增加膳食纤维；早吃好、午吃饱、晚少吃，控制食欲。

合理的、必要的体育锻炼。在合理控制饮食的前提下，预防“体重反弹”需要每周至少参与150分钟以上的中等强度体力活动并辅以一定的力量训练。

【案例分析】

•基本情况

朱××，女，1996年3月出生，2010年2月开始进行运动减肥，开始体重为125.05公斤，经过10个月的饮食控制和每天4个小时的封闭式减肥训练，出营时体重为76公斤，10个月减去体重49.05公斤。由于朱××没能形成良好的生活行为方式，出营后不控制进食量、不进行任何体育锻炼，2014年7月体重又飙升至151.55公斤。

•分析

这是典型的减肥成功后再肥胖的案例，即“体重反弹”，朱××由125.05公斤减肥成功到76公斤，但由于自我控制力太差，导致最后回复到151.55公斤，不得不面临再次减肥。

无论采用什么方法减肥，减肥成功后必须遵照“合理摄食、适量运动”的基本原则，才能保持已经获得的减肥效果。如果超量摄食，缺乏运动，再肥胖的几率极高。

第九章

运动减肥效果评估与长期体重管理

体重下降了就是减肥有效了吗？除了体重，还要关注哪些效果评价指标呢？仅用体重来评估减肥效果是不全面的，还需要结合腰围、臀围、体脂含量、血压、血脂、血糖水平、心理状况等进行综合评估，并根据监测指标的变化调整运动方案。

1. 如何评估减肥效果?

体重下降了就是减肥有效了吗?

减肥的根本目的是减掉身体里面的多余脂肪。实际上很多人认识上存在误区，简单地认为体重下降就是减肥有效，混淆了减脂与减重的概念。比如，经常见到身穿各式减肥服的锻炼人群，殊不知一次锻炼下来，减肥服里裹出来的都是汗水，减掉的是身体里的水分，这无益于减肥，甚至容易导致脱水，严重影响身体健康。因此，不能简单地认为体重下降了就是减肥有效，除了上述脱水导致体重下降的常见情况外，还有由于缺乏锻炼和营养补充不足导致的肌肉丢失也会产生体重下降的现象，这些都必须甄别清楚，只有身体脂肪含量下降了才能称之为减肥有效。

用于日常评估减肥效果的指标主要是体重、体脂百分比（身体脂肪含量百分比）、身体肌肉含量、腰围、臀围等。

体重指标的应用：1）以每日晨起便后体重作为自身的纵向比较来观

察运动锻炼的效果；2）以每次运动锻炼前后体重差作为观察体液丢失量的判断标准，即运动前体重—运动后体重的差值是补充电解质液体的相当量。

腰围和臀围指标的应用：每周测试一次，观察腰围和臀围的变化以判断运动锻炼的效果。

体脂和身体肌肉含量指标的应用：每周测试一次，观察体脂下降情况和身体肌肉含量的变化，以了解身体成分的改变来判断运动锻炼的效果并调整膳食营养方案。

小知识

运动减肥开始阶段，为什么会出现体重变化不大，但体脂率却下降的现象？

在运动减肥开始阶段，由于减肥者以前很少参加运动，运动能力较差，相应的肌肉含量较少。在开始运动后，身体为了适应运动给身体带来的刺激，肌肉含量会有所增加，从而提高运动能力。

在运动减肥的开始阶段，肌肉增加了，脂肪下降了，从而表现出体重变化不大，同时体脂率的下降印证了减肥的效果。所以，在减肥开始前1~2周内，应保持心态平和，继续坚持执行运动减肥方案，科学监控减肥的效果，必要时根据具体情况调整减肥方案。

体重下降后，你变得更健康了吗？

科学的运动减肥不能仅仅是关注于体重的变化，更应该聚焦于由于体脂的下降，身体是否更健康、生活是否更具有活力和激情。

- **血液更干净了？**

肥胖患者通常伴有高血脂症，减肥过程中还要关注身体血清甘油三酯、胆固醇、高密度脂蛋白、低密度脂蛋白、C–反应蛋白的变化，通过以上指标对身体健康状态的改善有及时的了解，也就是说关注血液是否变得更加干净——只有血液变得干净了，我们才更健康。

• 血压降低了没?

由于血脂浓度高、血压黏稠度大，多数肥胖人群伴有高血压。随着减肥活动的实施，机体的血液变得越发干净，血压情况也会随之改善。因此，建议每周测量一次以关注血压的变化。

• 血糖下降了没?

很多肥胖者，特别是随着年龄的增长，由于肥胖程度的增加，都不同程度地出现血糖过高的问题，甚至形成糖尿病。因此，在减肥的过程中，建议每月测试一次血糖、胰岛素值。

• 力量素质有无变化?

为什么要关注于力量素质的变化呢? 这是因为现实中有很多不科学的减肥方式破坏了身体的肌肉质量，导致机体的力量素质下降明显，最终影响到机体的基础代谢水平，这不仅影响了减肥效果，而且会使得减肥人员的身体处于一种软绵无力的状态，甚至导致伤病的发生。

• 身体更加活力四射?

减肥后如果精神疲惫、精力涣散、情绪低落、心理状态差，这就需要即时对这种减肥方式的科学性进行反思，因为减肥过程中肯定出了问题。因此，科学合理的减肥应该对身心均具有健康促进作用，参与者是乐于投身其中的。

2. 如何根据监测指标的变化调整运动方案？

为什么要及时调整减肥运动方案？

当减肥过程中出现所谓的“体重平台期”，甚或有部分人发生“体重反弹”时，这表明原有的减肥运动方案已经不能满足当前的减肥需要，必须对现有方案进行相应的调整，以达到最终的减肥目标。如果减肥运动方案调整不及时，将会引起运动减肥由蜜月期逐步向魅力丧失期、厌倦期、放弃期发展，导致体重无法下降，甚至“体重反弹”超过原来体重，最终影响身体的健康。

怎样调整减肥运动方案？

减肥运动方案的调整主要分为以下几步：

1）及时了解减肥者目前的身体、饮食、锻炼和睡眠等情况

了解减肥者目前的身体和饮食情况、锻炼习惯以及睡眠情况，是分析其前期减肥效果的关键。从身体情况了解其是否有代谢相关疾病，排除疾病因素引起的肥胖；从饮食情况了解其饮食结构和热量摄入量，以发现饮食补充的问题；从锻炼习惯了解其运动背景，明确调整后可能适应的运动方式；从睡眠情况了解其生活习惯对减肥的影响。综上分析判断影响其肥胖的主要原因。

2）分析前期减肥效果、运动方案的不足之处

在了解减肥者身体、饮食、锻炼和睡眠等基本情况后，则要重点分析前期减肥运动方案所存在的不足。这里需要了解前期减肥效果，包括原体重、现体重、减肥时长。运动方案的调整需要了解原运动方式（有氧锻炼、力量锻炼或两者兼而有之）、运动负荷量、运动负荷强度、每周锻炼次数、每次锻炼时间，从中发现导致减肥效果不好的原因是锻炼方式、锻炼时间、锻炼强度，还是频次问题，以确定后期运动方案调整的方向。

3）确定减肥者可支配的时间和明确下阶段的减肥目标

任何形式的运动锻炼都需要减肥者付出一定努力，首先，必然会在时间上要求一定的保障，也就是在制订运动方案时需要考虑现实的可操作

性，确定减肥者可用于运动锻炼的时间。根据减肥者的实际可支配时间明确下阶段的减肥目标，一般分为长期目标和短期目标：长期目标的时间跨度可以是6～12个月，短期目标的时间跨度可以是1个月。根据设定的目标和减肥者可支配时间确定短期和长期减肥重量，可以细化到每周体重降低的目标数。

4）制订完整的下阶段减肥运动方案

通过明确长期和短期减肥目标，根据减肥者可支配时间制订完整锻炼方案的基础是发现前期的运动方案中影响减肥效果的最重要因素，通常会涉及运动锻炼方式的调整：即增加有氧或力量锻炼的方式；锻炼时间和频次的调整；运动锻炼强度的调整，这需要体现个性化特点。在进行运动方案调整的同时，需要密切关注减肥者的饮食营养补充，必须使之与减肥的长期和短期目标相吻合。

5）观察调整后训练方案的效果

调整后的训练方案实施一段时间后，需要对其效果进行观察，可以在起到效果的同时强化减肥者的信心，使之更加自觉地执行训练方案，从而得到更加喜人的效果。同时，还能及时发现运动方案和饮食补充方案中可能存在的不足。观察的时间点通常为1周、2周和1个月，观察的指标是体重、体脂率、腰围、上臂围、大腿围、臀围等，也可以是血清甘油三酯、胆固醇、高密度脂蛋白和低密度脂蛋白。

【案例分析】

• **基本情况**

袁××，男，18岁，体重为91.52公斤、体脂率为34.2%，大学一年级学生，爱好篮球、网球等运动，每周运动3次、每次时间1小时，但是体重已经连续1年不下降；日常饮食不控制，很少吃早餐，喜食肉类、油炸类食物，蔬菜、水果摄入少，喜喝可乐类饮料；晚上爱打游戏，睡觉晚；血清甘油三酯浓度为2.64毫摩尔/升，胆固醇浓度为6.82毫摩尔/升。针对其自身情况，提出如何调整训练方案来促进其体重降低。

• **分析**

1）该男生的运动方式不合理，不利于减肥，其主要运动方式为篮球和网球，对力量、速度要求高，虽然每周有3次大强度的打球锻炼，但是其运动方式主要以消耗糖类物质为主，由于不限制饮食，在其每次锻炼后有足够糖类物质补充，因此，其锻炼消耗脂肪量很少，缺少低强度的有氧锻炼，后继训练安排需要增加有氧锻炼。

2）饮食习惯不好，没有吃好早餐的习惯，容易导致午餐和晚餐的单次摄入量过大，而且长期饮用含热量高的可乐类饮料；饮食搭配不均衡，饮食结构不合理，含有维生素和矿物质类的蔬菜水果摄入少，油脂摄入过多，导致出现高血脂症。

3）晚上睡觉时间太晚，不利于身体恢复，形成熬夜晚睡晚起、不吃早餐营养不均衡的不良循环。

4）血清甘油三酯和胆固醇明显高于正常血脂上限，属于高血脂症。

• 建议方案

1）改变锻炼方式、增加有氧锻炼，设定适宜强度。安排其适当减少每周打篮球、网球次数到1～2次，每周增加6次、每次1.5小时的低强度有氧锻炼，锻炼形式为慢跑、有氧操，全程监控其运动强度，使其心率始终保持在118～128次/分钟。

2）合理膳食营养。测试其静息代谢率，推算其每日能量摄入值，确定其膳食营养补充方案，明确三餐的比例和搭配，而且要求必须起床吃早餐。

3）严格要求作息时间。早7点前必须起床、晚11点必须准时睡觉，培养良好的生活习惯。

• 结果

袁××第1次体重为91.52公斤、体脂率为34.2%，经4周锻炼后，其体重下降至82.48公斤、体脂率则下降至28.6%；甘油三酯下降到1.83毫摩尔/升、胆固醇浓度下降到5.91毫摩尔/升，表现出明显好转，逐步接近正常范围；同时其主观反映精力比原来更加容易集中，心情愉悦。

上述案例表明，袁XX原有的锻炼方式和生活方式存在不足，不利于其减肥，因此，适时找到原因并采取针对性措施，能够打破原有平衡，促进机体的脂肪代谢，达到降脂减肥的目的。

爱好篮球

体重不降

体重不降

培养良好习惯

改变锻炼方式

第十章 儿童青少年的运动减肥

对经历过物质匮乏时期的老一辈人，如何让孩子吃饱、吃好曾是围绕他们的一桩大事，而如今经济条件改善，有钱了吃饱饭早已不成问题，但尽可能地多吃仍是不少家长尤其是老一辈人根深蒂固的观点——过去没钱让孩子们挨饿，现在有钱了孩子应该养胖些。

孩子胖点儿是不是更健康呢？对于处于生长发育期的肥胖儿童青少年来说，如何科学减肥而又不影响孩子的生长发育？本章将为您解答这些问题。

1. 儿童青少年肥胖症的原因与危害

我国儿童青少年肥胖状况

据报告，1985年以来我国儿童青少年超重和肥胖发生率呈迅速上升趋势。据中国学生体质与健康调查结果显示，2010年我国7～18岁儿童青少年男性肥胖检出率为11.6%，女性为5.59%。近年来肥胖发生率上升趋势仍在增加。不同省份青少年超重和肥胖发生率上升的幅度不同，经济发达的沿海省份上升幅度明显，经济欠发达省份上升趋势也不容乐观。

爸妈是胖子，孩子一定会胖吗?

对于单纯性肥胖发生的原因，目前已经有了一致的认识：遗传、能量物质摄入过多和体力活动减少是肥胖症发生的三大主要原因。

在经济落后年代，人们不可能过多地摄入营养物质，尽管也有肥胖基因的存在，但极少发生肥胖。因此，肥胖基因必须在有条件多吃的前提下才能产生作用。在经济条件明显改善的社会，物质供应丰富，生活水平提高，有肥胖基因的人就有可能发生肥胖。有资料显示，父母都是肥胖症患者，其子女发生肥胖症的几率很高。如果父母都是肥胖症患者，子女存在肥胖基因，但只要注意合理饮食，控制热能物质的过多摄入，就不一定发生肥胖。需要指出的是，即使父母都是苗条的人，如果子女不注意合理饮食，热能物质过度摄入也可以发生肥胖。从肥胖防治的角度出发，能量物质摄入过多和体力活动减少是发生肥胖的两个根本原因，其中，吃得多是最重要的因素。小胖子是吃出来的，因此，在早期对于儿童生活习惯、膳食结构的干预非常重要。

小胖墩是吃出来的!

现代社会很多儿童青少年由爷爷奶奶、姥姥姥爷抚养或参与抚养，他们往往沿用以往的老观念抚养孙辈。老一辈人经历了长期缺钱少粮的经济条件落后时期，在经济条件迅速改善的今天，有钱了首先解决吃的事情，尤其不能让孙辈吃不好。在他们的观念中，认为过去没钱才导致孩子瘦，现在有钱了孩子应该养胖些，胖比瘦更好。因此，现在很多胖孩子都是由老一辈人喂养胖的。

健康意识薄弱的老人们，常为自己喂胖了孙辈而感到骄傲。老人们在一起时，经常互相介绍喂胖孩子的经验。

快餐进入国内为多食创造了有利条件。多数快餐的制作存在煎、炸、烘、烤的过程，食用油的添加过量，甚至食品是在沸油中捞出来的，于是色、香、味俱全。食物中脂肪含量大大超标，刺激食欲。对于缺乏自制力的儿童青少年，在快餐面前垂涎欲滴。老人们并不知道这种食物多吃了有什么危害，只要孩子喜欢吃，基本上有求必应，甚至把吃快餐作为奖励孩子的惯用手段。

自助餐也是造成多食的重要原因。自助餐让许多自制力薄弱的成年人超标进食，更何况缺乏自制力的儿童少年？非常有趣的典型例子是，一个想通过节食方法减肥的青年，一天两天少吃，第三天就去自助餐店享受美味，其实第三天自助餐多吃的食物远远大于前两天少吃的量，这样不但不能减肥，反而体重会不断上升，而且对健康也有损害。

简易包装食品为肥胖发生率的上升做出了重要贡献。现在零售商店的货架上堆满了大量的简易食品，什么“非油炸食品”“低热量食品”，其实都是热量很高的食品，孩子们常把这类简易食品当作零食。小孩子的书包里总有几包这样的简易食品，想吃就吃，认为非油炸的食品多吃了也不会胖。

许多学校为了让孩子减少“乱吃”的机会，想方设法为学生提供午餐服务。不少学校的午餐是由配餐公司制作的，配餐公司出于盈利考虑，加之大批量制作和运输方便等因素制约，午餐质量很难达到既保质又价廉的水准，往往不能满足学生的口味和要求。于是，不少学生不爱吃学校配制的午餐，到路边小摊上享受并不符合卫生要求的小吃，多吃是常事，肥胖发生就十分容易。

铺天盖地的高糖饮料为青少年儿童热能摄入增加提供了便利条件。学生书包里普遍装了一瓶甚至几瓶高糖饮料。一瓶380毫升含糖量20%的饮料，热量在300千卡以上，相当于40克体脂的热量。如果青少年学生每天饮用一瓶这样的饮料，1年的体脂堆积量可达10余公斤。

从小开始静态久坐的生活方式，“宅男宅女”是从娃娃开始的

体力活动减少，儿童青少年自发的体育活动和有组织的体育锻炼的减少，也是肥胖发生率上升的原因之一。

学生学习负担沉重，缺少体育锻炼时间，这是造成学生体力活动大幅度下降的主要原因。现在很少见到学生们放学后成群结队地游戏活动，很少听到学生们在游戏活动过程中发出的欢乐声。“造房子”“跳皮筋”“老鹰捉小鸡”“滚铁环”“打陀螺”，这些曾经流行于我们这一辈家长儿时的游戏活动基本绝迹。孩子们上学和放学由家长开车接送，放学回家忙于做作业，应该玩耍的时间被功课和作业替代。作业做完了，学生也不是在外面玩耍，而是向家长“申请”玩电脑、玩手机、看电视。电玩设备的快速发展影响了儿童青少年参加体育活动的积极性。牙牙学语的小小孩子都喜欢用现代化的通讯设备玩游戏，从小学一年级开始手机人手一个，将玩电子游戏当作一天生活中不可缺少的重要内容。于是，课余时间没有了体力活动，不但日常生活中本来应该消耗的能量都以脂肪的形式堆积在体内，形成肥胖，而且长时间的电子游戏使儿童青少年的近视发生率明显上升。更让人感到遗憾的是，孩子们玩电子游戏时也没有忘记吃零食，能量消耗减少，摄入能量增加，何来不胖？

一些学校为了学生“安全”，不允许学生在校园内进行体育活动。有些学校下午放学后学生不能在校园内停留和玩耍，以免发生意外伤事故。让人感到十分不能理解的是，个别学校体育课上偶发生意外事故，就干脆取消体育课或者如长跑之类的运动项目。我们应该做的是，让不该参加剧

烈体育活动的那些患有先天性心脏病、哮喘等运动限制的学生不要进行剧烈运动，而不是为了“绝对安全”将所有健康学生的体育课都取消。

当然，大多数学校仍然非常注重学生的体质健康，开展适合于不同年龄段学生参加的各种体育健身活动。那些注重学生健康教育、鼓励学生参加体育健身活动的学校，学生肥胖发生率就比较低。鉴于此，学生超重、肥胖发生率都应作为评价学校教育质量的重要指标。

胖娃娃比瘦娃娃更健康吗?

——成年慢性病从儿童开始!

脂肪在体内的大量堆积，不仅仅在身体形态上表现为臃肿、体重过大、体力活动能力明显下降，更重要的是，肥胖严重损害青少年的身体健康。

肥胖青少年安静心率明显高于体重正常的同龄人，肥胖程度越高，安静心率也明显加快。重度肥胖青少年安静心率普遍在100次/分以上，同龄人一般在100次/分以内。除了肥胖青少年缺乏体育活动，肥胖增加了心血管系统的机能负荷外，很重要的原因是由于重度肥胖导致心脏周围脂肪量的增多，甚至心包腔内也有脂肪填塞，大大妨碍了心脏的舒张能力，每搏输出量明显降低，引起心率加快。安静心率增快，定量负荷运动时心率增快更明显，使肥胖青少年运动能力大大低于正常同龄人。腹部脂肪的堆积使膈肌活动度降低，呼吸深度降低，肺通气量受限，呼吸频率加快。心肺功能受限使肥胖青少年稍有体力活动就感到呼吸困难，甚至难于承受强度稍大的运动，导致肥胖青少年陷入越肥胖越不爱运动、越不爱运动越肥胖的怪圈。有研究表明，经过2周的有氧运动减肥后，肥胖青少年的安静心率就可以明显下降。这种安静心率的下降不可能是由于运动导致心肌形态和结构的改变所引起的。经过双能X线扫描发现，2周的运动减肥首先明显减少了内脏周围的脂肪堆积，心脏周围脂肪量的减少提高了心室舒张期的充盈量，增加每搏输出量而使安静心率减慢。

肥胖青少年睡眠时常发生呼吸暂停现象，咽喉部黏膜下脂肪堆积和组织松弛使呼吸道狭窄，膈肌活动度下降引起的浅快呼吸常造成肺通气和肺换气不足，缺氧和二氧化碳滞留明显。因此，肥胖儿童青少年的睡眠质量不及正常同龄人，晨起时常常感到昏昏沉沉，精神不爽。

肥胖青少年普遍存在血脂代谢异常，中度以上肥胖青少年几乎都有高脂血症存在。血液中甘油三酯含量增高，极易发生脂肪肝。此外，中度以上肥胖青少年多数存在空腹血胰岛素升高，提示已经存在胰岛素抵抗或胰岛素抵抗倾向，少数重度肥胖儿童青少年已经确定为Ⅱ型糖尿病。青少年肥胖发生率的上升，成为代谢综合征发病年龄大大提前的重要因素。

肥胖还会影响青少年的发育。脂肪细胞可以分泌性激素，尽管性激素主要由性腺分泌，脂肪细胞所能分泌的性激素占人体性激素总量的比例很低，但即使异性激素水平略有上升，也会产生非常严重的问题。如男孩体内女性激素水平上升，便可引起男孩第二性征发育延迟和发育不良，肥胖男孩乳腺发育也是困扰家长的头痛问题。对于女孩，雄性激素水平上升和雌激素水平异常会使月经初潮推迟、周期长期不规则，重度以上的肥胖女孩易患多囊卵巢综合征。

肥胖之所以损害儿童青少年的健康，是因为体内脂肪不仅是储能器官，同时也具有重要的内分泌功能，瘦素、脂联素、肿瘤坏死因子、白介素-6、C-反应蛋白等活性物质在控制食欲、糖脂代谢、胰岛素抵抗、动脉粥样硬化等发生发展过程中发挥着重要作用。

与肥胖伴行的一系列病理变化和肥胖程度与肥胖发生的持续时间有关，与成年人比较，青少年肥胖发生时间较短，即使肥胖程度较高，一系列的病理变化仍然是可逆的。减少肥胖对儿童青少年健康的损害，早期综合干预，及早纠正不合理的生活方式，降低肥胖程度是最有效的措施。

需要指出的是，如果青少年时期的肥胖问题没有得到及时纠正，持续的代谢紊乱不能得到及时改善，就会显著提高成年后许多慢性疾病的发病几率及疾病严重程度。其实，肥胖青少年本身就已是一个慢性疾病患者。

儿童期肥胖导致成年后多种疾病

2. 儿童青少年肥胖程度的判断

评价儿童青少年肥胖程度的指标有很多，如标准体重、BMI、体脂率等。儿童青少年处于生长发育时期，而生长发育的速度并不平衡，各地也有不同的评价指标，同一个指标不同地区也有不同的评价标准。一般而言，14周岁以下儿童青少年可采用与年龄有关的体重标准评价是否肥胖与肥胖程度。体重（公斤）=年龄×2+8，如14周岁的孩子，标准体重为36公斤。超过标准体重的10%、20%、30%、40%分别为超重、轻度肥胖、中度肥胖和重度肥胖。15周岁以上的青少年可以运用成年人的BMI指标评价是否肥胖和肥胖程度，因为各地所研究的评价肥胖程度的此年龄段以上的青少年BMI指标与成年人的BMI指标十分接近。

3. 儿童青少年运动减肥方法

肥胖症患者的减肥是一个综合干预的过程，运动减肥是通过中小强度长时间有氧运动的方式减少体内脂肪堆积的减肥方法。由于中小强度长时间有氧运动过程中骨骼肌能量供应主要由脂肪酸的氧化分解提供，而有氧运动本身是纠正代谢紊乱、提高心血管系统和呼吸系统等机能能力的重要手段，运动减肥方法简便、安全、经济、有效和促进健康等特点，被广大肥胖症患者尤其是儿童青少年肥胖症患者所接受。

肥胖青少年由于性别、年龄、健康状况和运动能力不同，尤其是肥胖程度差异很大，在运动减肥开始前必须制订个体化的运动减肥方案，确定适宜的减肥运动强度，选择适宜的减肥运动项目，以保证运动减肥的安全和效果。

重度肥胖的运动减肥

体脂百分比在40%以上，BMI在40以上的肥胖青少年，由于肥胖时间较长，肥胖程度严重，体内多有比较严重的代谢紊乱、高脂血症、胰岛素抵抗、高血压、心功能减退等一系列健康问题比较突出，所能承受的运动强度十分有限。过大体重对脊柱、下肢肌肉和关节的负荷较大，常有关节损伤或肌肉劳损等问题存在。故在运动减肥时应注意以下问题。

- **运动强度的确定**

肥胖症患者进行运动减肥的运动强度，目标心率确定范围为：安静心率+（20%～40%）心率储备（心率储备的概念和计算参见第七章）。肥胖程度越严重，心率储备百分比越倾向于20%，即很小的运动强度就可以使重度肥胖症患者达到目标心率。重度以上肥胖者安静脉搏（心率）较快，应动用较小的心率储备百分比参加运动减肥。

小知识

逐级递增负荷运动试验

人体对运动会产生一系列的机能反应，在逐级增加负荷的运动过程中，测定人体对运动所产生的机能反应程度，以明确受试者的运动能力和对运动的承受能力。常用跑台逐级递增负荷运动试验，根据受试者年龄、性别、健康状况和运动能力选择跑台起始速度。儿童青少年一般从4公里/小时开始，每级负荷增加2公里/小时。每级负荷运动3分钟，每级负荷运动后立即记录心电图、心率、血压等指标。进行逐级递增负荷运动试验，应明确适应症、禁忌症、注意事项、停止运动试验的指标。

【案例分析】

男性，17岁，体重150公斤，身高1.80米，BMI为46.3，安静心率110次/分。逐级递增负荷运动试验显示，4公里/小时跑台运动2分钟后，心率126次/分，心电图无阳性发现，6公里/小时跑台运动2分钟后，心率150次/分，ST段降低0.05毫伏，T波低平，自觉呼吸困难。如果根据心率储备20%～40%计算，目标心率范围在128～146次/分，运动减肥开始阶段，心率储备百分比趋向于20%，运动强度目标心率确定在126～132次/分范围内。经过4周运动减肥后，安静心率下降至90次/分，体重130公斤，BMI为40.1，逐级递增负荷运动试验显示，4公里/小时跑台运动2分钟后，心率108次/分，心电图无阳性发现，6公里/小时跑台运动2分钟后，心率138次/分，心电图无阳性发现。如果选择心率储备的20%～40%计算，目标心率应在112～134次/分，如果选择心率储备的25%计算，目标心率确定在114～120次/分范围内。随着运动减肥时间的延长，体重逐渐下降，安静心率逐渐减慢，运动强度的目标心率确定时心率储备的百分比逐渐提高（从20%提高到25%），但目标心率范围实际上是逐渐降低的（从126～132次/分降低到114～120次/分）。可以设想，如果4周后依然维持原来的目标心率（126～132次/分），毫无疑问，实际运动强度是明显提高的。

由此发现，确定运动减肥强度时，使用心率储备百分比计算目标心率要比使用最高心率百分比计算目标心率更科学，因为最高心率百分比确定的运动强度缺乏安静心率的依据，缺乏个体特征。下表可清楚地显示目标心率的确定方法。

运动减肥不同阶段目标心率确定方法表（心率：次/分）

	安静心率	4公里/小时心率	6公里/小时心率	心率储备20%~40%	目标心率	目标跑台速度
初始	110	126	150	128～146	126~132	4～4.2公里/小时
4周后	90	108	138	112～134	114~120	4.5～5.0公里/小时

从上表可以看到，随着运动减肥时间的延长，体重逐渐下降。逐级递增负荷运动试验过程中负荷后心率呈明显下降趋势，目标心率范围也逐渐降低，但心率储备的百分比应逐渐提高，而实际运动负荷（跑台速度）也是逐渐提高的。用心率作为运动强度的指标有利于运动强度的实时监控，无论进行什么运动项目，心率必须保持在目标心率范围内。如果采用外加绝对负荷作为强度的指标，就很难在所有的运动项目过程中进行强度监控。

- **运动持续时间**

一次运动持续时间一般为1～2小时，包括准备活动时间和整理活动时间。缺乏体育健身活动经历的重度肥胖症患者，一次运动持续时间可从1小时开始，逐渐延长至2小时。运动过程中可以有几次短暂的休息时间。一次运动持续时间对减肥效果的影响很大，一次运动短于30分钟持续时间的减肥效果很差。

- **运动项目的选择**

重度以上肥胖青少年减肥运动项目的选择十分重要，首选的运动项目为游泳。在水中人体的浮力使人体下肢各关节的负重减小到最低程度，重度以上肥胖青少年游泳运动是十分安全的。每天可安排2个小时的游泳运动，可获得比较理想的减肥效果。游泳的速度宜慢，强度控制在目标心率范围内。在达到明显减肥效果（体重下降15%～20%）后，宜重新调整减肥运动强度，此时由于体重下降，安静心率明显降低，可适当提高心率储备的百分比。计算后获得的目标心率一定低于原来的目标心率范围，可采用跑台上或陆地上的慢速步行，或采用椭圆机上的运动方式。

目标心率＝安静心率+20%心率储备

“大”胖墩适宜运动强度

运动减肥中后期，在体重大幅度下降以后（如体重从150公斤降到100公斤以内），需要适当增加小负荷力量耐力的训练内容，并逐渐增加力量练习的负荷，以增加骨骼肌体积，填补脂肪大量消耗后的组织空间，减少皮肤松弛现象。骨骼肌体积的相应增加也可以提高机体的代谢率，维持已经获得的减肥效果并能保持良好的身体形态。

中度肥胖的运动减肥

• 运动强度的确定

体脂百分比在35%～39.5%，BMI在35～39.5范围内的肥胖青少年，由于肥胖程度尚不严重，体内代谢紊乱状况可能没有重度肥胖青少年严重，心脏周围脂肪堆积程度相对较轻，心脏的舒张功能并未受到严重影响，因此安静心率一般在100次/分左右。体重对脊柱、下肢关节和肌肉的负荷并未产生明显的影响。运动强度的确定、运动项目的选择相对比较容易。

中度肥胖青少年减肥运动强度确定时，根据是否有参加体育健身活动的经历，结合逐级递增负荷运动试验各级负荷运动后的心率反应和心电图表现，可以灵活掌握。如果安静心率稍快，又缺乏体育健身活动经历，目标心率确定时可采用略高于20%心率储备+安静心率的强度范围。大部分中等肥胖青少年多少参加过一些体育健身活动，个别也参加一些强度较大的体育活动，在1级负荷运动试验时心率并不快，而第2级负荷运动试验时心率表现为明显加快。在开始进行运动减肥时运动强度的确定既可以参考心率储备的20%～40%计算，更要参考第1级负荷运动时心率反应的程度。2周或4周后需要修订运动方案，重新进行逐级递增负荷运动试验，以比较准确地确定运动强度。

- **运动持续时间**

一次运动持续时间一般为1～2小时，包括准备活动和整理活动时间。运动过程中可有几次短暂的休息时间，可少量多次地饮用配制的饮料。

- **运动项目的选择**

中度肥胖青少年运动项目的选择种类比较多，游泳依然是首选项目，其次是跑台或平地快走、椭圆机、娱乐性球类活动、有氧健身操等。可以根据个人对运动的兴趣爱好确定几个喜爱的运动项目作为减肥运动的常用项目。

“中”胖墩适宜运动强度

轻度肥胖和超重的运动减肥

• 运动强度的确定

轻度肥胖青少年体脂率在30%～34.9%范围内，超重青少年的体脂率在正常值25%～29.9%范围内，这部分青少年占体重超标青少年的大部分，对这部分青少年进行早期体重控制教育，对降低我国青少年肥胖发生率将产生重要影响。

轻度肥胖和超重青少年运动减肥的强度可以选择心率储备的30%～40%范围，开始进行运动减肥时，运动强度可以控制在心率储备的30%左右，经过4周运动减肥过程后，可增加至心率储备的35%，直至40%心率储备。由于有氧运动对轻度肥胖和超重青少年有很好的减肥效果，而且能明显提高这些青少年的心血管机能，因此，安静心率降低明显。需要根据安静心率的变化及时调整运动强度，以确保运动减肥中后期的减肥效果。

• 运动持续时间

一次运动持续时间可保持在90～120分钟，如果运动强度接近40%～50%心率储备，运动后必须做好更加充分的整理活动。因为这类运动强度较大，在运动过程中难免会出现无氧代谢的成分，所以运动结束后必须通过整理活动将运动过程中产生的乳酸彻底清除。同时，由于运动强度稍大，脂肪库中动员出来的甘油三酯数量也相对较大，所以整理活动过程中需要尽可能多地将脂肪库中动员入血液的甘油三酯通过有氧代谢方式消耗掉，这样能避免运动后多余的甘油三酯进入肝细胞，形成脂肪肝。

• 运动项目的选择

轻度肥胖和超重青少年运动减肥的项目选择种类更为广泛，能保持长时间运动且强度容易控制的多种运动方式都可以作为运动减肥的运动项目，其中青少年比较感兴趣的项目如游泳、各种球类运动、慢跑步或快走、有氧健身操等。

目标心率＝安静心率+40%心率储备

“小”胖墩适宜运动强度

4. 儿童青少年运动减肥的热门话题

欲速则不达——减肥速度的控制

不同肥胖程度的青少年由于基础体重不同，单位时期内（周、月）减少的体重绝对值不同。因此，一般不用体重减少的绝对值作为减肥速度的指标，而采用体重减少的百分比作为减肥速度的指标。运动减肥的减肥速度宜控制在4周降低体重5%～7%（女性）和6%～8%（男性）范围内。重度以上肥胖青少年减肥速度达到4周降低体重8%～10%（女性）和10%～12%（男性）仍是安全的。

减肥速度不宜过快，一则减肥速度过快是需要增加运动量的，尤其是延长运动时间，可能产生运动性疲劳，反而不利于运动减肥的继续进行；二则减肥速度过快，可能产生新的代谢紊乱，不利于健康促进。一些减肥心切的肥胖青少年盲目增加运动量，增加运动强度，延长运动时间，其结果往往是无法坚持、半途而废。

随着运动减肥持续时间的延长，体重不断下降，运动减肥的速度也逐渐减慢。如果把4周作为一个运动减肥时间单元，第二个时间单元的减肥速度会低于第一个时间单元，如第一个时间单元女性青少年减体重可达基础体重的6%，而第二个时间单元减少的体重是第二个时间单元开始时的4%～5%，肥胖青少年减肥过程中越是接近正常体重，减肥速度越慢，直至达到正常体重。

实际上，运动减肥在减少体脂的同时骨骼肌重量可能有所增加，因此，采用体脂百分比下降的速度评价减肥速度比较科学。

肥胖青少年采用运动减肥方法达到正常体重以后，采用其他措施进行减重，体重也是可以下降的。过分的体重降低对健康不利，除非个别人由于特殊职业对体重的特殊要求需要进一步减少体脂（如运动员赛前控体重）。我们不主张女性体脂百分比低于12%，男性体脂百分比低于8%。郑重告诫那些虽有些丰满但不属于超重和肥胖的青少年尤其是女性青少年，千万不要盲目减肥，尤其是不要采用不科学的方法盲目减肥。

减肥速度不理想有哪些原因?

采用运动减肥方式的理想减肥速度一般控制在每月降低不低于体重的5%（女性）和7%（男性）。如果减肥速度过于缓慢，要认真分析原因。

运动强度是影响运动减肥效果的重要因素。运动减肥对运动强度的要求十分严格。过大的运动强度尤其是运动强度超过无氧阈值时，骨骼肌的能量供应开始动用大量糖原的无氧酵解系统。乳酸的生成一则使肌细胞内脂肪有氧氧化供能系统供能比例显著下降，不利于脂肪的消耗；二则糖原的大量消耗使运动后血糖水平明显波动，产生明显的饥饿感，食欲明显增加。结果运动中脂肪消耗减少，运动后进食量增加，往往产生越运动越肥胖的现象。在运动减肥的运动过程中不仅仅要注重于尽可能多地消耗能量，更要注重运动过程中分解什么物质提供能量。一次长时间运动后如果没有明显的饥饿感，就说明运动强度是在消耗脂肪的范围内。通过十几年的运动减肥实践和研究，运动强度在心率储备的20%～40%+安静心率是适宜的运动减肥强度，但究竟在20%心率储备还是40%心率储备，因人而异，需要进行确定。当然，过小的运动强度，如散步，由于运动过程中能量消耗很少，也不会产生明显的减肥效果。

一次运动持续时间不足也是影响运动减肥效果的重要因素。运动开始后脂肪从脂库中动员、进入血液、运输至骨骼肌细胞，脂肪酸在骨骼肌细胞内氧化，是一个十分复杂的生物化学过程，需要较长的时间。一次有氧运动时间短于30分钟，不可能有很好的减肥效果。一次运动减肥的运动持续时间至少在1小时以上，才可能产生较好的减肥效果。

当然，发生肥胖的重要原因是由于热能物质的过多摄入，如果进行运动减肥的同时没有适当控制热能物质的摄入量，错误地认为运动后可以大吃大喝，显然不会有好的减肥效果。

小知识

是否能局部运动减肥？

不加其他特别干预措施的运动本身并不存在局部减肥的作用，运动过程中骨骼肌对脂肪动用量似乎没有脂肪堆积的解剖部位的选择性，而主要依据局部脂肪堆积的程度。据观察，腹部脂肪的动用相对较多，这是因为腹部堆积的脂肪较多，而臀部和大腿部的脂肪动用相对较少，因此运动减肥过程中可以出现腰围的下降优先于臀围和大腿围的下降。

控制热量摄入是不是就是让孩子饿肚子？

运动减肥需要配合饮食控制，控制热量的摄入，增加能量消耗，使能量处于负平衡，促进体脂分解，从而减轻体重。需要明确的是，控制热量摄入并不是让孩子一直处于饿肚子的状态。饮食控制原则为在控制总能量摄入的前提下做到平衡膳食，每餐的膳食需由多种食物组成，其质和量应能满足就餐者的生活需要，食物相互合理搭配，提供各种比例适宜的营养素，满足人体对热能和各种营养素的需要。从食物的选择上来说，应该减少热量高而营养价值少的食品的摄入，吃饭宜吃七八分饱，控制零食的摄入，切忌大吃大喝。控制热量摄入不是简单的节食。

如何科学减肥而又不影响孩子的生长发育？

对于处于生长发育期的肥胖儿童青少年来说，最科学的减肥方式应该是运动减肥。运动减肥在减轻肥胖的同时还可以增强儿童青少年的体质，促进健康生长。产生这些作用的原因，可能是由于运动对人体是一种刺激，人体对运动刺激必将产生相应的反应，长期的刺激与反应，使人体产生对运动的一系列适应性变化。运动减肥的运动强度相对较小，人体在中小强度长时间的运动刺激下，不仅身体形态、结构发生明显变化，而且使机能和代谢也发生相应的适应性变化。

运动减肥是肥胖儿童青少年容易接受的科学的减肥方法。小强度、长时间的运动方式，减肥效果的健康促进作用是得到了肯定的。减肥效果不应仅仅体现在身体形态的变化上，更重要的是减肥对代谢综合征的改善程度，凡是对健康存在不利因素或者并不改善代谢综合征的减肥方法，都是不合理或者不科学的减肥方法。

在运动减肥的过程中还需要进行饮食控制，控制饮食并不是简单的节食，而应做到平衡膳食，控制食物总热量的摄入。通过合理搭配不同食物的质量、数量以及科学的烹调方法，以利于人体对各种营养素的消化吸收，避免因膳食结构的比例失调而出现人体营养素的不足或缺乏，影响儿童青少年的生长发育。

为什么参加减肥夏令营（封闭式运动）效果显著

青少年学生平时的学习负担较重，且每天上课、做作业等持续的时间都比较长，在学期的正常教学周期内基本上没有可供安排专门进行运动减肥的时间。将近两个月的暑假则是肥胖青少年学生进行系统运动减肥的最佳时间。

减肥夏令营这种减肥模式，主要针对青少年学生人群，利用暑假这段时间，采取集中管理、半军事化、全封闭形式进行分班运动减肥。这种模式的特点主要是对青少年学生在参加运动减肥的过程中，通过运动、教育以及群体动力学的心理学特性，对这个群体的肥胖青少年进行科学的运动干预，对学生家长进行培训并长期跟踪指导，进而让这个群体的肥胖症患儿彻底摆脱肥胖。

夏令营期间，肥胖青少年在进行运动减肥的同时，也要进行适当的饮食控制。目的是为了培养肥胖青少年合理的生活方式，养成合理饮食、参加适宜运动的良好习惯。关于减肥夏令营的研究证实，肥胖青少年进行运动减肥和合理饮食控制后，不仅身体形态有了很大变化，代谢综合征倾向也得到了明显改善。与40周岁以上的成年肥胖合并代谢综合征患者比较，青少年肥胖症患者经过适宜的运动干预和合理的饮食控制干预，随着肥胖程度的减轻，代谢综合征改善的速度较快。早期干预对促进肥胖青少年的健康具有重要意义。

群体性的集中减肥效果要比单独进行减肥来得明显，这显然有心理因素的作用。肥胖青少年集中在一起进行运动减肥，减肥的氛围较好，互相鼓励，互相促进，减肥的积极性较高。经常性地给肥胖青少年进行科学减肥、合理营养等知识的传播，也能在一定程度上提高肥胖青少年运动减肥的积极性，提高运动减肥的效果。

如何保持夏令营结束后的减肥效果

经过一个月左右的夏令营训练，往往减肥效果显著，孩子的身体素质也有了较大提高，但却有个问题困扰着家长和孩子们，那就是夏令营结束后的体重反弹问题。事实上，回归到原来的生活环境，确实有不少肥胖孩子发生体重反弹。那么，夏令营出营后应该如何保持减肥效果?

从那些离营后依然较好保持体重的例子中我们不难发现，他们往往都较好地保持了在夏令营期间养成的良好的饮食习惯和运动方式。所以，对于减肥效果的保持，最关键的还是继续坚持运动，控制饮食。因而夏令营期间，一定要让肥胖孩子和其家长共同学习科学减肥方法，了解相关运动和营养知识，回到家后需要家长和孩子们一起努力，创造一个有利于减肥的生活环境，继续培养孩子良好的饮食习惯和生活习惯，孩子们将会因此受益终生。

减肥夏令营后又开始大吃大喝

减肥夏令营后全家一起健身

第十一章 女性的运动减肥

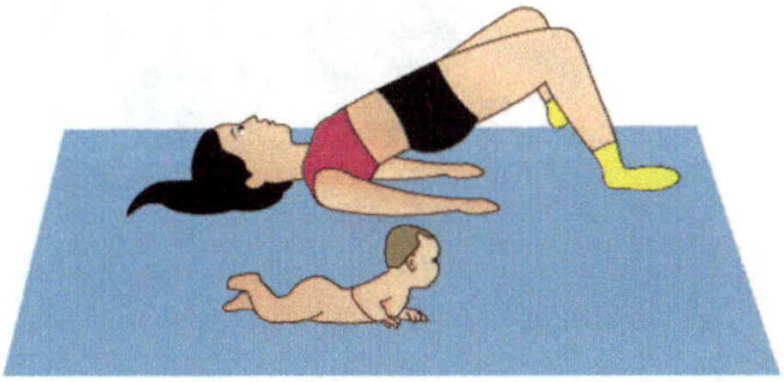

青春期、妊娠期、更年期是女性易发胖的三个时期。体脂的分布与蓄积除了受年龄、性别、激素调节等客观因素影响外，还同时受身体活动不足、心理压力、环境因素、行为方式等因素的影响。女性一生都在和脂肪作斗争，脂肪对女性而言是越少越好吗？不同年龄段的女性如何采取科学有效的减肥策略呢？本章为爱美的女士们提供解答。

1．让女人又爱又恨的脂肪

如果说减肥是人生中最痛苦的一件事情，那么，女性恐怕一生都在和"脂肪"这两个字作斗争。原因则非常简单——我们希望能够美丽一生。如何让自己一直美下去，获得精彩的人生？请您跟随此书一同步入女性健康减肥之路。

2．女性的三个特殊时期会让脂肪爱上你——青春期、妊娠期、更年期

为什么说女性比男性容易发胖，你想过其中的原因吗？一般女性脂肪含量高于同年龄段的男性，女性皮下脂肪在16～70岁随年龄增长而增多，脂肪量的增加速度较同龄男性快。当然，作为女性，我们还会经历这样几个特殊的时期：青春期、妊娠期、更年期。

青春期前，脂肪分布以下肢较多，躯干和上肢次之；青春期后，脂肪在躯干部位增多明显，其次为下肢和上肢。在月经初潮前，女性皮下脂肪急剧增多，持续2～3年以后逐渐停止，其脂肪增多以脐部、乳房部位最明显，颊部、颈部喉结处及髋部也较明显。青春期在各种性激素相互作用下，皮下脂肪增多，从而形成女性特有的体型。

育龄期女性生殖内分泌激素出现异常时，可能伴有脂肪的异常分布，甚至肥胖。例如，高雄激素血症、高催乳素血症等均与体脂分布或肥胖相关。

妊娠期机体处于高雌、孕激素状态，总能量需要量增加，母体脂肪储备增多。孕期皮下脂肪厚度的变化主要在髂骨上部与肩胛骨下部，与孕早期相比明显增大，说明脂肪蓄积的部位主要在腰腹以及背部。从孕20周后臀围即明显增大，大腿上部围度由于脂肪蓄积也略有增加，但与早期差别不显著，而大腿中部、小腿中部及上臂围则在妊娠期间无明显变化。

关于绝经期妇女，脂肪具有再分布的特点，绝经后早期女性普遍存在体内脂肪过度蓄积的情况，且脂肪均为上半身型分布，这在超重肥胖的女性中更加显著。在绝经过渡期晚期，性激素出现以雄激素相对过多状态，机体脂肪开始趋于中心性分布。体脂分布受到一系列物质代谢、激素、神经内分泌等因素的调节。

3. 哪些因素会让脂肪一直困扰你？

体脂的分布与蓄积除了受年龄、性别、激素调节等客观因素影响外，身体活动不足、心理压力、环境因素、行为方式等的影响也不容小觑。

身体活动不足为脂肪的蓄积提供了温床

研究显示，目前我们国家的轻度体力活动者，每日久坐的时间高达6～7小时以上，这是个多么可怕的数字！各种智能家电的应用，诸如洗衣机的使用、吸尘器的出现、洗碗机的使用代替了人工，加上保姆、小时工等各种家庭劳动力替代角色的涌现，在解放女性的同时，也为女性脂肪的集聚提供了良好的空间。足不出户的网络购物给我们的生活带来便利的同时，也大大增加了肥胖的机会。每年“双11”“双12”开展的网购促销活动中，女性同胞是强有力的支撑者，殊不知电脑前长时间的静坐会导致体重的增加和肌肉的退化。我们的身体活动量越来越少，肥胖的人口越来越多。

职场女性压力同样会导致肥胖

“上周我加班5小时，提案被老板灭掉3次，如果再不通过让客户满意的话，工资、年终奖、绩效统统要受影响了，搞不好还会卷铺盖卷走人，那样我的房贷、车贷、养小孩计划可就统统泡汤了，为此，我一刻也不能停歇。”

现如今，绝大部分城市女性都会步入职场，她们接受过高等教育，朝九晚五和男性同胞们一起工作，在享有同等社会地位的同时，也要承担着家庭给予的更多角色，肩上的压力有多大，恐怕只有你自己和你的心理医生才了解。

外出就餐让你喝了多少油

对于每周外出就餐的次数你是否做过统计？有研究表明，每天我们外出就餐1次，油和盐的摄入量比中国居民膳食宝塔推荐的一天摄入量还要多50%。每天我们多吃两口饭，一年下来会让自己的体重长2公斤。作为职场女性，至少会保持一顿中餐在外面解决，也就是说，你中午的一餐，从膳食结构上来看，它并不能满足标准要求，但是单从油脂和盐分来看，晚上只有饿肚子才能达标了。

4. 胖女人的健康风险

肥胖对女性的影响不仅在于形态审美这一层面，其所带来的健康风险也是我们必须正视的问题。除了与肥胖相关的高血压、冠心病、糖尿病等慢病的发病风险激增，还会出现很多负面的影响。

青春期女性肥胖的健康风险

青春期女性会经历第二性征及月经初潮等问题，过度的脂肪蓄积会影响女性的月经初潮的时间，这对于日后正常月经周期的形成会造成巨大的影响。目前，青少年高血压、儿童糖尿病、儿童骨质疏松等发病率也常有报道，为此对于青春期女性还需要控制体重的增长速度。

妊娠期胖女人的发病风险

妊娠期是女性一生中非常重要的时期，孕前女性BMI水平及孕期女性体重的增长速度直接关系到母婴的安全。当孕期女性体重增长速度过快时会出现两种情况：一是母亲增重为主，胎儿增重为辅，这样就会出现胎儿宫内发育迟缓，出现这种现象的原因很可能是由于孕期女性营养素比例摄入不当造成的，同时，还可能是由于孕前女性BMI水平过高，甚至本身就患有一些慢病；二是胎儿增重为主，母亲增重为辅，这样就会增加母孕期贫血发生的概率，同样也会间接危害到胎儿的健康。当然，如果母孕期体重增长速度超过推荐增幅的30%，则妊娠期糖尿病的发病率较正常体重增重者增加15%；如果母孕期体重增长速度超过推荐增幅的50%以上，则妊娠期糖尿病的发病率会增加至50%以上。有人会认为妊娠期糖尿病并不代表产后仍然是糖尿病，虽然这有一定的概率之说，但是当我们患有妊娠期糖尿病时，会导致巨大胎儿的发生率增加，胎儿胎肺发育不良，增加分娩风险及麻醉风险的同时，术后感染的几率也会增大，且巨大儿出生后自身的发育状况也会受到限制，诸如此类，都是“胖女人”会发生的危险。

绝经期胖女人的发病风险

绝经期同样也是发生肥胖的关键时期。在这一时期，肥胖不但是健美的大敌，而且也是健康长寿的大敌。绝经后的女性，在生理方面有了新的转折，激素的变化引发了许多方面的更新。其中有不少女性朋友没有月经了，身体却莫名其妙地胖了，心脏病、高血压、糖尿病也容易出现了。同时，甲状腺激素参与体内重要生理过程，包括能量代谢、食物摄取和脂肪酸氧化等，甲状腺功能异常可引起机体体重的变化，绝经期女性容易出现甲状腺类疾病，尤其是腹型肥胖患者其甲状腺体积显著高于非腹型肥胖患者。

5. 女性脂肪越少越好吗?

女人天性爱美，民间有句玩笑话是，女人都想把腹部的脂肪提取出来，补充到胸部去。然而，脂肪对于女性并非越少越好，它其实是女人的“守护神”。

脂肪对人体的作用包括供给能量、保温、缓冲压力、固定内脏、促进脂溶性维生素吸收等。脂肪量不足对女性的生活带来的弊端也是显而易见的，诸如对抵抗力的影响、对月经周期的影响、对排卵的影响，妊娠期的流产与早产、内脏下垂等均同脂肪含量偏低有一定的关系。因此，我们不能没有脂肪。什么样的存储量比较恰当，脂肪少到什么程度对女性健康产生危害呢?不同国家的研究结果不尽相同，一般来说，女性体脂率低于体脂含量的安全下限，即13%～15%，则可能引起功能失调。

6. 女性运动减肥方法

上班族运动减肥方法

让我们回过头来看一下前面提到的本书的主人公唐小曼的减肥历程。

唐小曼，公司白领，未婚，每日开车往返公司和家。今年28岁，身高160厘米，体重65公斤，每天工作8小时，有7.5小时要坐在电脑前。为了早日由丰满女变身为窈窕淑女，小曼认为减肥是自己的当务之急。为此她特别为自己制订了减肥计划：每周2次瑜伽练习，不吃午餐，用酸奶和水果代替，如果实在坚持不住，下午补充一点零食和咖啡充饥，可乐、芬达是小曼的最爱，每天1瓶必不可少，她认为这应该对减肥没有太大影响，巧克力据说能量超高，等自己饿得快昏过去时拿一块救命。

转瞬间一个月过去了，小曼发现自己的体重没有什么变化，而且面容也非常憔悴，头晕、心悸等症状经常会在午后出现，记忆力也明显下降，经常会颠三倒四。

无奈之中小曼找到了运动医学专家来求助。专家首先对小曼的体重指数进行了计算，BMI=25.3，属于超重水平，体脂率为30%，也是超标。为了自己的健康和体型，小曼是应该采取减肥行动了。小曼也明白合理运动结合适当饮食控制是取得较好减肥效果的保障。但是就小曼的减肥措施，专家指出她在身体活动和饮食调整上都存在问题。首先，她的身体活动量严重不足，每天坐姿办公、开车、用电脑的时间累计10小时，即使增加了每周2次瑜伽活动，但带来的能量消耗不多（瑜伽活动属于柔韧性练习，不属于高效燃脂的运动，参见本书第七章）。其次，在饮食方面，不吃主食，自认为减少能量摄入，其实造成了脂代谢紊乱，不利于脂肪分解（原因参见第五章）；每天不经意喝瓶饮料、吃些薯片，总摄入量比自己估算的要多得多。

可见，唐小曼为减肥努力付出的过程中存在很多误区，她的故事代表了很多上班族女性朋友的减肥历程。那么，上班族女性朋友如何科学减肥呢？白领作为一个需要久坐的群体，是很容易在身体各个部位堆积脂肪的。鉴于这种情况，上班族女性就应该针对自己的工作性质想一些有助于减肥的方法。

• 减少坐姿时间，增加站、走活动

坐姿办公时，每隔30分钟后要起立活动一下，上下午各做一次广播体操；以爬楼梯代替走电梯；到较远一些的洗手间；增加交通中走路或者骑车的机会，可提前一站下车步行至单位。以上这些建议都是让我们在日常生活中树立多活动、少静坐的健康理念，小强度的活动积少成多也有助于耗能减重。

站立式办公成为时尚

小知识

站和走的能耗区别

你知道每天你在办公室里消耗的卡路里是多少吗？让我们通过计步器来计算一下，以一个56公斤的青年女性为例来进行说明，如果她的工作状态以办公室办公为主，主要是打字、用电脑、开会等，每分钟的能量消耗大约为1.4千卡，如果她能够站起来，去复印一些东西，那么每分钟的能耗可以达到2.2千卡，如果她可以做一些简单的搬运工作，每分钟的能耗可以达到3.0千卡以上，如果她能够多走楼梯，少用电梯的话，那么十分恭喜，上楼时能耗可以达到每分钟7.6千卡。

- **饭后适当运动**

进食之后要让食物尽快地消化，把吸收的热量消耗掉，所以一定不要马上坐下来，否则热量很容易转化成脂肪在体内堆积。在单位午餐后，约上几个同事一起散散步，每天走30～60分钟，坚持一个月肯定会有惊喜发现。

午休期间，唐小曼与同事一起散步

- **健身活动以有氧和力量为主**

一说到运动减肥，很多白领女士会选择瑜伽，其实瑜伽并不是一项高效燃脂的运动，除了瑜伽外，多做全身性的有氧运动，同时，穿插一些力量锻炼才能达到理想的减肥效果。在本书第七章专门介绍了运动减肥的理论方法，并为唐小曼设计了运动减肥方案。不过很多女性朋友认为这个方案实施起来难度大，不适合自己。本书写作目的不是让读者照搬方案，而是帮助大家树立正确的减肥理念、掌握一些“燃烧脂肪需要时间和适宜的运动强度”“减肥肉的同时勿忘增瘦肉”这样的科学道理，并在运动减肥的实践过程中能制订适合自己的运动方案。只有设立合理减肥目标、制订个体化方案才有可能取得减肥成效。

- **不节食、不偏食，小零食控制好**

减肥期间不可以盲目节食，当然也不能偏食，这么做只会破坏体内的营养平衡，造成营养不良，导致新陈代谢和抵抗力降低。同时，也容易出现饥饿感，爆发肥胖的可能性也就更高，所以减肥期间的饮食也十分重要。

很多时候白领们没有办法按时吃正餐，所以，身边时刻准备一些小零食也是十分必要的，否则很容易在进食的间隙饥饿难耐去暴饮暴食。零食品种的选择和补充时机也是需要注意的，正餐前吃一些热量低的水果或者喝一杯酸奶，吃几颗坚果等都能有效地控制食欲，并且提供饱腹感。

用矿泉水替代饮料，杜绝喝可乐的习惯，尽量避免外食。年轻人喜欢方便快捷的生活方式，所以不愿意自己烹饪食物，通常都选择去餐馆解决日常的饮食。可是餐馆中的食物通常所含的热量都很高，我们并不能掌控其热量，相反，自己购买健康的食材在家烹饪既营养又低卡，对瘦身非常有帮助。

孕妇也要控制体重

孕期女性体重控制的根源在于控制妊娠期并发症的发生，这对于降低妊娠期分娩风险，降低巨大儿的发生率，促进母婴健康具有重要的作用。据统计，妊娠期糖尿病的发病率近年来增长迅速。空腹血糖大于5.1毫摩尔/升，餐后1小时血糖大于5.1毫摩尔/升，餐后2小时血糖大于5.1毫摩尔/升，以上存在任何一项即诊断为妊娠期糖尿病，需要控制饮食并且定期监测血糖。然而，孕妇本身对于营养素的需求就高于普通女性，控制饮食对孕妇本身而言可能难以理解，且临床症状并不明显，因此，早期血糖异常经常被孕妇忽略，最终造成不良后果。所有这一切问题的根源在于女性对于体重控制的不了解。

孕妇也要控制体重

孕妇不同时期体重标准表（参考美国IOM标准）

孕前BMI值	推荐孕期增重（公斤）	孕中期增幅（公斤/周）	孕晚期增幅（公斤/周）
＜18.5	12.72～18.20	0.148	0.148
18.5～24.9	11.36～15.80	0.125	0.125
25.0～29.9	6.0～11.49	0.088	0.088
＞30.0	5.0～9.10	0.065	0.065

也就是说，孕前不同BMI指数的女性体重增长水平会有所不同，孕前BMI指数越大的人，孕期体重推荐增长的范围越小一些。孕早期体重的增长速度要严格控制，一般12周之前体重增长速度不超过1.3～2.0公斤，孕中期、晚期也要严格控制体重增长速度。

不同孕周胎儿体重增长范围参考值表（参考美国IOM标准）

孕周（周）	胎儿增重（克）	孕周（周）	胎儿增重（克）
10	4	30	1175
15	45	35	2160
20	240	40	3001
25	700	—	—

孕期女性控制体重的方法

• 饮食控制

孕早期女性是很难有食欲的，当然，也不排除无妊娠反应的人，因此，孕早期的饮食重点在于一定要食用主食，面食是很好的选择，同时家人应体谅孕妇的妊娠反应，不能过度地推荐给孕妇油腻的东西，以及不考虑孕妇自身的食量。不是动物性食物才是最有营养的，主食对于孕妇整个孕期都是必不可少的重要营养来源。

孕中期女性的食欲会有很大的改善，因此，这个时候要想控制孕妇的体重是有一定难度的，中国居民膳食宝塔的推荐是孕期营养的主要来源，但是孕期女性除此之外，还要注意乳制品的摄入量，一般推荐孕中期女性每日饮用牛奶500毫升，每日食用钙剂600毫克，户外晒太阳的时间不低于1小时，这样可以防止孕期女性骨钙水平的流失，当然我们建议最好可以事先了解一下自身的骨钙水平，酌情增减钙剂。

孕晚期女性伴随着子宫底的逐渐上抬，会压迫到膈肌，同时，胃肠的蠕动也会受到一定的影响，因此，孕晚期女性的食欲会较孕中期有所下降。少食多餐是一个不错的选择，因此，一定要注意不要强迫孕妇单次食用过多的食物，同时，要增加含铁丰富的食物的摄入量。一般推荐孕期女性每周食用1～2次动物内脏或者血制品，每次不超过50克的摄入量。对于孕晚期贫血的女性，可以适度增加1次摄入频率，但是食物的补充不可以替代补铁剂。此外，还可以适度增加钙剂的摄入量，一般较孕中期多增加200毫克左右，但仍然需要了解自身骨钙水平。钙剂和补铁剂请分开服用，一般间隔2小时左右，且推荐小剂量、多频次摄入钙剂。例如，每日钙剂需要量为800毫克，可以选择200毫克的钙剂每日补充4次，而并非一次性全部摄入，这样更有利于钙的吸收。

• **运动推荐**

美国运动医学会（ACSM）孕妇运动测试与处方指南规定，孕期女性的运动频率为每周至少3次，最好每天1次。运动强度为中等强度较为合适（40%～60%的储备摄氧量）。妊娠期疲劳程度可采用RPE或谈话测试方法来进行评估。运动持续时间为每天至少15分钟，逐渐增加至每天至少累计达到30分钟，每周不低于150分钟的运动。活动方式为大肌群动力性、有节奏的体力活动，如步行或骑自行车。

不同年龄孕妇运动时的适宜心率范围表

年龄（岁）	心率范围（次/分）
＜20	140～155
20～29	135～150
30～39	130～145
＞40	125～140

对中国女性而言，运动频率、运动强度、运动时间可以酌情参考美国运动医学的标准，但是要根据自身情况有所调整。如果在孕前一直有良好的运动习惯，整个妊娠期并没有先兆流产、早产、脐带脱垂等不良状况，那么在整个孕期都可以持续原来的运动方式，只需要注意避免憋气、牵拉、跑跳等动作即可。如果在孕前一点运动习惯都没有，那么活动的主要方式应该从简单的家务劳动开始，进而过渡到户外行走，每次持续的时间一般为20～40分钟左右，以个人的主观感受为依据，身体发生不适要立即停止。运动方式优先推荐步行、孕妇体操等。

孕妇操

扩胸伸展 01

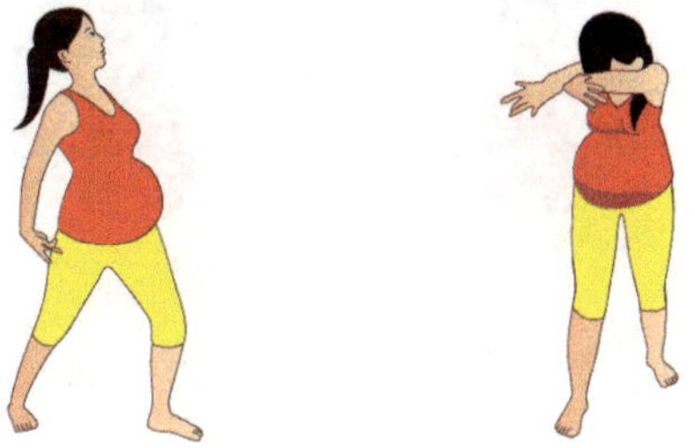

平衡球 02

伸腿练习

举臂练习

伸展转体 03

踢腿 04

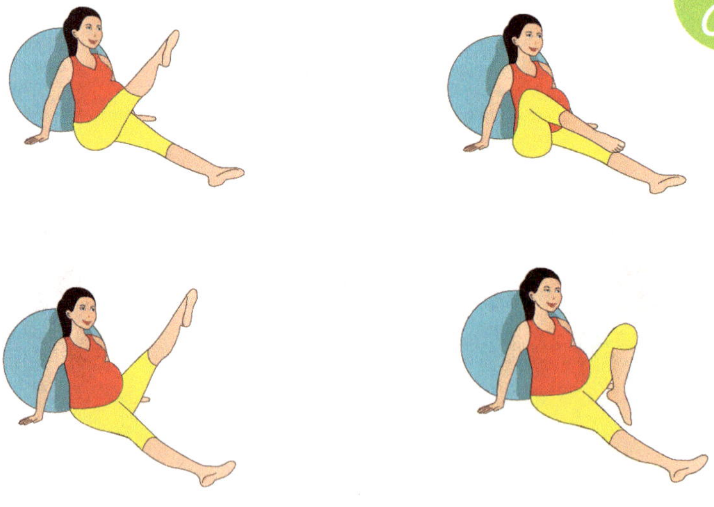

舞步操
05

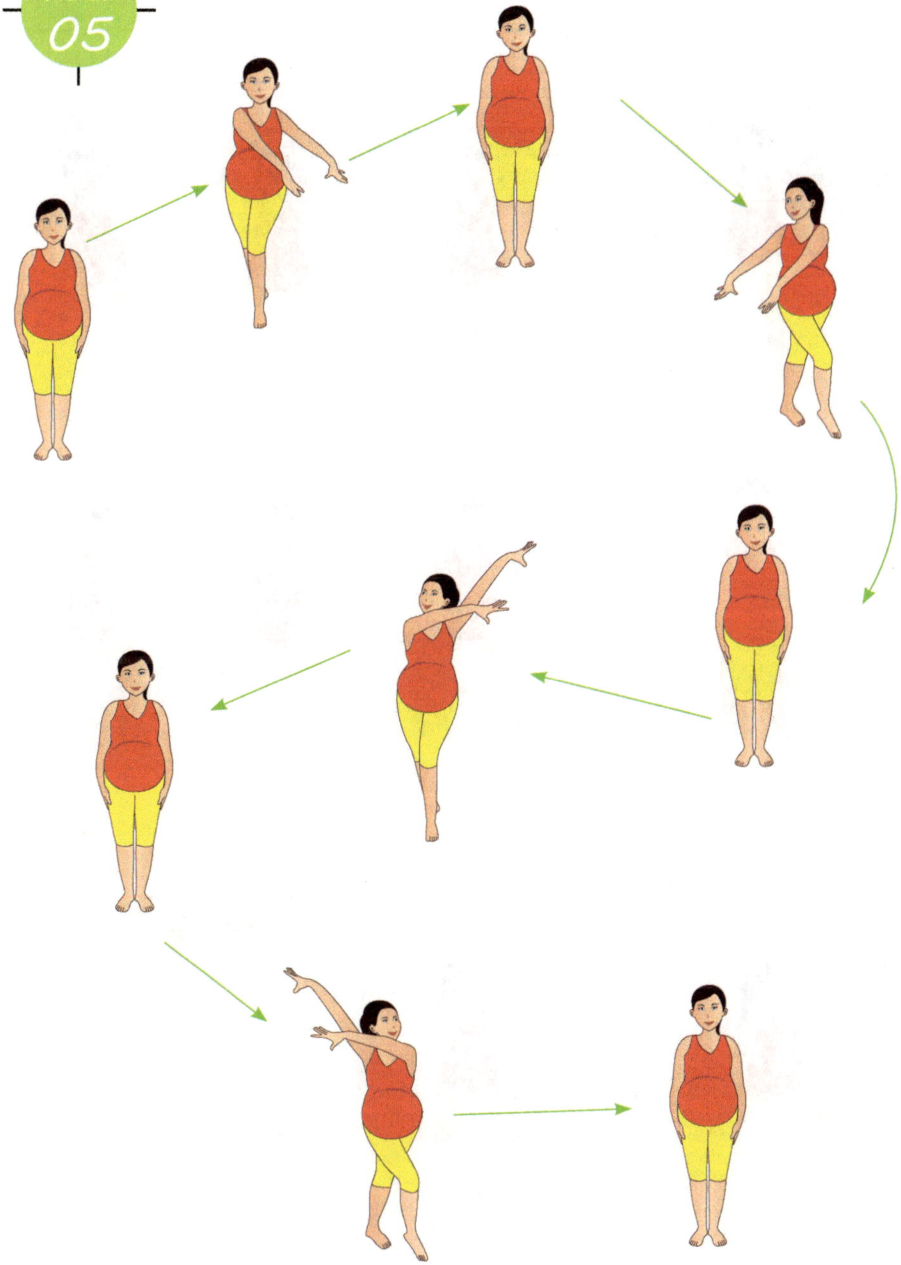

下蹲平衡操
06

下肢弓步压腿
07

产后女性减肥方法

产后的形体控制对于当代女性而言，越来越受到重视。合理地进行产后体重控制是十分有必要的，但是控制体重的方法要同其他女性有所区别。

- **母乳喂养是控制产后女性体重最有效的方法之一**

母乳是最健康、最安全、最自然、最营养的婴儿食物，大部分母亲认同母乳喂养的重要性。科学研究表明，人乳中脂肪含量为3.5～4.5克/升，这可是消耗脂肪的大好机会。如果每天可以坚持按需哺乳，即按照母亲的需求及婴儿的需求进行喂养，更有助于形体的恢复。据统计每天消耗大于2093焦耳热量，按此累计，连续母乳喂养6个月以上，就可以逐渐消耗掉妊娠期间存储的脂肪，使得母亲的体形得到恢复。也有研究表明，产后的母乳喂养对于调整脂肪在身体的重新分布也具有重要的作用。

- **产后饮食控制要适度**

科学研究表明，产前营养摄入量和产后的营养摄入量同泌乳量之间均呈现正相关。由于过度体重控制导致营养失衡，进而影响泌乳量的情况屡见不鲜。因此，如果以控制食量来进行体重控制，需要遵循适度原则。

第一，产后女性饮食结构要丰富。

产后女性的身体处于比较虚弱的状态，单纯的食量增加对恢复体力效果不好，因此，要选择容易消化、少油少盐、流质或半流质食材，切记不要过于辛辣、生冷、油腻。如果使用过多的调料，则会影响到孩子的味觉发育，同时，会出现一些胃肠道反应，这些都是产后女性需要注意的内容。

现在很多女性产后的能量摄入处于过剩状态，依然把泌乳量同食量联系在一起，不够科学。泌乳量不够有很多因素，比如，吮吸不够充分，母婴分离时间较长，饮食结构及习惯不合理，乳腺疾病以及一些遗传因素等，均会造成泌乳量下降。找准原因，科学解决，才是最终的方法。

第二，产后女性要多喝汤是一个误区。

很多女性认为产后女性要多喝汤，这样才可以保证泌乳量，这是一个误区。产后女性非常容易出汗，是由于孕期女性28周之后血容量的迅速增加，导致外周循环血液能够达到未怀孕之前的4倍以上。伴随着胎儿的娩出，女性要通过出汗的方式将体内水分向外发散，因此，这个时候再补充大量的汤食，反而加重自身心肺的负担。食盐量的控制也是有科学依据的，过咸食物的晶体渗透压会增加，不利于体内多余水分的排出，因此，在最初的2周之内，切记不要过量地补充汤食。合理地补充水分是非常必要的，一般情况来说推荐每日的补水量为1500～2000毫升，不要饮用凉开水，每次水量的补充也不宜过多，小口喝水，不要等口渴了再喝，这样更有利于水在人体中的吸收和利用。

- **产后女性运动的最佳时间**

众所周知，运动对于人体的能量消耗起到非常重要的作用，产后女性何时开始运动，这是一个值得探究的问题。一般主张顺产的女性要尽早下地开始活动，一般产后2～3天就可以下地活动了，剖宫产的女性要稍晚一些。活动的内容也仅局限于室内运动，根据中国女性的体质特点以及多年来传承的坐月子的观点，保暖和充足休息是非常重要的。当孕妇的子宫由孕前一个拳头的大小，增加到孕时容纳下胎盘、羊水、胎儿，体积增加了1000倍以上。子宫复旧也需要一个周期，一般来说需要6周的时间，因此，产后6周以内，产妇不可以进行重体力劳动，尤其是憋气、用力等动作，一定要禁止。要通过婴儿吮吸母亲乳头这个方式来促进子宫的恢复，这一点同样说明母乳喂养的重要性。产后6周一般医院会要求复诊，当医生告诉你子宫复旧情况良好时，恭喜你，这个时候可以选择一些运动来帮助你进行减肥了。当然，仍然要遵循循序渐进的原则，由户外的散步，逐渐过渡到原来你喜欢的运动，要注意避免剧烈运动。

- **产后女性运动项目的选择**

产后1～2周：室内步行。

产后2～4周：后桥运动（背桥运动）+缩肛运动+室内步行。

产后4～6周：后桥运动+缩肛运动+户外步行。

产后6周以后：子宫复旧良好者——后桥运动+缩肛运动+自己喜欢的活动；子宫复旧不良者——自己喜欢的运动要推迟。

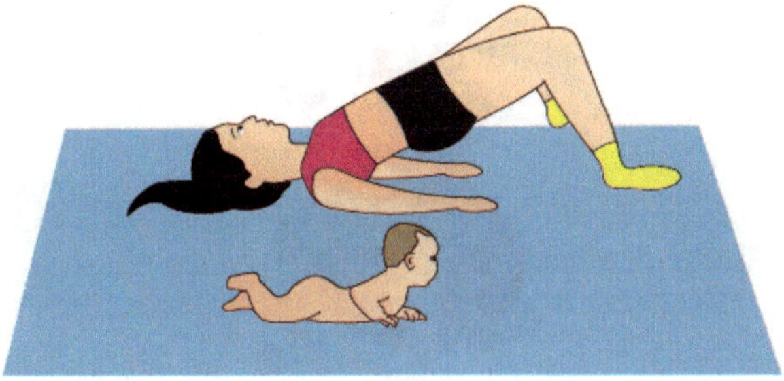

更年期女性减肥

女性进入更年期以后，人体的结构功能及健康状况将会发生一些退行性改变，该时期女性易发生肥胖症。肥胖会给身体的健康带来严重影响，因为多余的体重增加了发生高胆固醇高血压与胰岛素抵抗的危险，进而增加了发生心脏病、中风、Ⅱ型糖尿病的可能。此外，有证据表明，绝经期出现肥胖会增加患乳腺癌的危险。女性在此期间体重每增加10公斤，患乳腺癌的危险就相应增加20%。但是，如果你此时的体重减掉了10公斤，那么你患这种疾病的危险性会降低20%甚至更多。处于绝经期的女性，体重即使有很小的下降，也能够显著地降低乳腺癌的发病危险。那么更年期女性如何正确控制体重呢?

如果你之前有锻炼的习惯，可以用增加锻炼强度、变换锻炼方式的方法，来突破绝经后遇到的减肥困境，如你平常习惯于匀速散步，那么今后你可以试试“变速走”，即每隔3分钟就疾步快走1分钟，步频可以达到130步/分。再就是进行有氧加力量的循环式锻炼，与通常的力量锻炼不同的是，这种循环式的锻炼能够自始至终使心率保持较高的水平，这样有助于燃烧更多的能量。

老年女性力量锻炼很重要

如果你之前没有锻炼习惯，可以通过增加活动量的方式来使身体动起来。在你喜欢的事情上多花费一些时间也能够增加运动量，如增加打扫房间的次数、增加购物的时间、延长跳舞或者散步的时间以及骑自行车时多走一段路程等。你要把每天至少锻炼30～60分钟作为自己的健身目标，长期地坚持下去，这是维持健康体重最为重要的一个因素。

总之，进入更年期后一定要多进行体育锻炼，有氧锻炼能够提高身体消耗能量，从而有助于燃烧脂肪。力量训练能够增加肌肉数量，提高新陈代谢水平，增强骨骼的强度。有氧锻炼是中老年女性常用的减肥运动方式，但力量锻炼往往容易被忽视。中老年女性进行力量锻炼要注意什么呢？在进行大肌群训练的同时要重视小肌群的力量练习，因为相比大肌群，小肌群更易受伤、易疲劳、易退化。大肌群主要指胸大肌、腹直肌、臀大肌、股四头肌等，小肌群主要指颈部肌群、手及腕部肌群、脚踝部肌群等。练习中，为保证练习效果和减少损伤发生，应保证注意力高度集中并调节吸气和呼气，同时，保持膝关节和肘关节的弯曲，避免过分伸展各关节。刚接触力量训练时，练习的强度不宜过大、频率不宜过高，应遵循“循序渐进”的训练原则，结合个人身体状况进行练习，每次练习的持续时间最好控制在20～45分钟。训练结束后，应进行一些放松性活动或伸展性体操，这样可以促进机体更好恢复，利于进行下次练习。

满足营养的需要，减少高糖、高脂的摄入。由于年龄的增长，身体的新陈代谢能力会逐渐下降，但并不表示摄食量应该减少，在更年期阶段，要维持正常的体重，每天必须少摄入1200千卡的热量。更年期肥胖女性其膳食能量分配应降低碳水化合物和脂肪比例，提高蛋白质比例，以防体重下降过速影响健康，在热量允许的范围内，蛋白质供给要保证50%来自乳、蛋、瘦肉。只有这样才能够稳妥地减少热量的摄入以及安全有效地减肥。

此外，更年期女性在减肥期间注意钙的摄入，适当补充钙质，不仅有助于增强骨骼强度，防治骨质疏松，还能够增加身体的新陈代谢以及降脂减肥。牛奶中含有丰富的活性钙，是人类最好的钙源之一。1升新鲜牛奶所含活性钙约1250毫克，居众多食物之首。因此，更年期女性朋友多喝牛奶大有好处。

第十二章 老年人的运动减肥

老年人是胖点好，还是瘦点好？——肥胖或体重过低都会影响老年人健康。摄食量超过需要量、代谢率下降和体力活动量减少是老年人肥胖的主要原因。老年人肥胖不仅降低生活质量，而且威胁到生命健康。老年人运动减肥时应该注意哪些问题呢？本章为老年朋友们提供答案。

1. 对老年肥胖的正确认识

老年人是胖点好，还是瘦点好？

老年肥胖，特别是中心性肥胖（腹型肥胖）不但降低健康预期寿命，并且是慢性病尤其是Ⅱ型糖尿病、高血压、心血管疾病和恶性肿瘤的独立危险因素。对脂肪细胞产物的逐步深入研究，使人们对体脂的分布与相关代谢紊乱的机制有了更多的认识。调查表明，老年人高血压、高血脂症、冠心病、脂肪肝及糖尿病检出率与超重、肥胖的检出率呈同步增高趋势。老年肥胖特别是中心性肥胖患者对冠心病患病率及病死率的危险性较肢体性肥胖患者高得多。

当然老年人也要避免走上另一种极端——消瘦、营养不良。老人们应该注意参加适量的体育运动，保持良好心情，注意营养均衡，预防营养不良。

国外有研究发现，65岁以上的老年人超重（此处“超重”是指体重正常与肥胖之间）对死亡风险的增加无什么影响，而低体重和肥胖都与死亡率的增加有关，这个观点虽没有得到广泛认可，还需继续研究证明，但从长寿者的调查中发现，目前世界上的长寿老人中，既没有肥胖者，也没有消瘦者。肥胖的危害是得到公认的，对老年人来说，保持健康的体重对生命质量至关重要。

“千金难买老来瘦”的说法有道理吗？

肥胖是对老年人健康的严重威胁，那是不是老年人应该越瘦越好呢？显然不是这样。

肥胖是指体内脂肪的过多堆积，体内过多脂肪堆积可以引起各种疾病。但是，脂肪是体内重要的组成物质，缺少脂肪或者脂肪量不足也会对健康造成不同程度的损害。脂肪是体内重要的能量供应物质，脂肪酸尤其是必需脂肪酸是合成体内重要物质如激素、组织结构、受体的原料；脂肪导热性能差，可以保持人体的温度；在人体受到外力作用时脂肪组织具有缓冲外力的作用。因此，并不是说老年人越瘦越好，人体保持正常的脂肪含量对健康是十分重要的。虽然在超过平均寿命的长寿人群中，几乎不含有肥胖的人，但也很少含有消瘦的人。那些长期参加体育健身活动的老年人，既不肥胖，也不消瘦，而且肌肉含量超过平均水平，这才是健康的体魄。

民间俗语说的“千金难买老来瘦”是针对肥胖而言的，是说老年人不要发胖，不要有过多的脂肪堆积，这是千百年来民间积累的健身养生的宝贵经验。尽管过去经济不发达时期很少有肥胖的发生，但若发生肥胖，健康就会受到很大影响，民间也有“胖者多病”的说法，因此对应才有“千金难买老来瘦”的俗语。当然，这不等于老年人越瘦越好。

2. 老年人肥胖发生原因

多吃少动依然是老年人肥胖发生的主要原因。尽管遗传因素也是影响肥胖发生的重要因素，但生活习惯是否合理显得更为重要。人们常说胖子是吃出来的，一点不假。过去经济条件差的困难时期，尽管也有肥胖的遗传因素存在，可基本上找不到真正意义上的胖子。原因很简单，吃不饱。

与其他年龄段的肥胖发生原因一样，老年人的肥胖发生原因基本上都是由于热能物质摄入量超过需要量，导致脂肪在体内过多堆积所引起。

摄食量超过需要量

老年人的感觉机能逐渐衰退，冷、热、甜、咸、饱、饿等感觉不如年轻时敏感。老年人感受“饱”与“饿”刺激的感受器如胃肠道壁平滑肌张力感受器、化学感受器、渗透压感受器等敏感性降低。相同的菜肴，年轻人可能感到有点咸，而老年人却感到很淡。多吃了不知道饱，少吃了不知道饿。有些老年人喜欢多吃，被身边年轻人抱怨老人嘴馋，不知饥饱，明明吃了很多，老人却说还没有吃饱，就是因为多吃了也并不感到饱。长期的多吃显然使热能物质转变成脂肪增多，产生肥胖。老年人对食物的色、香、味要求高于年轻人，可口的菜肴导致食用油的添加量必然增多，大量高脂肪尤其是饱和脂肪类食物的摄入，更易发生肥胖。

绝大多数老人都经历过经济条件落后时期吃不饱的年代，现在经济条件迅速改善，物质供应非常丰富，于是很容易产生多吃的愿望。

食欲也与精神状态有一定关系。近些年来，老年人退休后经济条件明显改善，生活状态稳定，没有工作状态中的思想负担，出现食欲增加。这也是导致一些老年人在退休后体重明显增加的原因。

代谢率下降和体力活动量减少

随着成年人年龄的增大，代谢率逐渐降低。到了老年时期，无论合成代谢或分解代谢都要比年轻时下降。有研究证实，静息代谢率随着年龄增加而减少，年龄每增加10岁，静息代谢率就下降1%～2%。据此估计，20岁和70岁的两类人群静息代谢率相差400千焦/天，老龄化所致的肌肉组织减少是静息代谢率变化最为合理的解释。许多中老年人常说饭量并没有增加，体重却比年轻时增加很多，正是这个原因造成的。

老年人体力活动量随着年龄的增大逐渐下降，也是形成肥胖的一个重要因素。不少老年人在刚退休的一段时期内会突然感到体重迅速增加，腰围增大。实际调查中发现，大多数老年人会积极参加社区各种活动，积极参加健身体育活动，保持了足够的体力活动量，这是老年人肥胖发生率低于其他年龄段的重要原因。而那些对参加体育健身活动不甚感兴趣而热衷于打牌、象棋等静态活动的老年人，肥胖发生率就比较高。社区应组织老年人参加健身养生科学知识的普及讲座，鼓励老年人积极参加各种社会活动，组织并指导老年人进行科学的体育健身活动，这是降低老年人群肥胖发生率的重要举措。

3. 老年人肥胖对健康的危害

在自然状态下老年人处于机能快速衰退时期，机体各系统的机能能力快速下降，心血管系统慢性疾病及代谢性疾病发生率较高。肥胖容易导致慢性疾病的发生，加快慢性疾病的发展，与年轻人比较，老年人肥胖对健康的不良影响远大于年轻人。

肥胖对老年人健康的不良影响取决于肥胖发生的时间长短、肥胖程度、原来是否患有一些慢性疾病以及采用干预措施是否得当等。

年轻时期就患有肥胖症的老年人，由于肥胖时间长，不管肥胖程度如何，糖代谢、脂代谢紊乱的程度一般都比较严重。往往合并高脂血症、Ⅱ型糖尿病、高血压、脂肪肝和动脉粥样硬化症，临床上经常可以发现肥胖老年人同时患有以上病症，给疾病的治疗带来很大困难。

对于年轻时并不肥胖而进入老年期后明显发胖的老年人，尽管肥胖时间较短，代谢紊乱不及长期肥胖的老年人严重，但如果肥胖得不到及时纠正，胰岛素抵抗、脂代谢紊乱等问题也可在较短时间内快速发展。尤其是那些存在高血压、高血糖、动脉粥样硬化症等家族遗传史的肥胖症患者，体重正常时这些病理变化并不明显表现，而一旦发生肥胖，这些慢性疾病便迅速发展。肥胖时间短的老年人，在采用综合干预措施后，肥胖程度明显下降，相应并发的病理变化也可明显改善。

几乎所有的肥胖老年人都存在不同程度的脂肪肝。由于老年人肝细胞的功能减退，当肥胖程度明显减轻，脂肪肝所产生的肝功能损害虽可以缓解，但恢复速度很慢。而对于年轻人尤其是青少年肥胖症患者，尽管重度肥胖症患者存在严重的脂肪肝，而一旦肥胖问题得到彻底解决，成功减肥后脂肪肝可以完全消失，肝功能得到完全恢复。因此，老年人肥胖重在预防，发生肥胖后应该及早采取有效综合干预措施，也可以获得满意的干预效果。某体重管理公司与某医院内分泌科合作，对一位62岁合并Ⅱ型糖尿病、重度脂肪肝和高血压病的女性重度肥胖症患者采用以小强度、长时间的有氧运动方式为主的综合干预措施后，其在3个月内体重恢复至正常，空腹血糖和胰岛素降至正常值范围内，脂肪肝明显缓解，血压接近正常水平。老年肥胖只要及早采用合理的综合干预措施，肥胖和由于肥胖而合并的其他代谢紊乱是可以获得明显改善的。

肥胖会加剧老年人心血管机能恶化。老年人心血管机能能力随年龄增加而逐渐下降。肥胖老年人由于体重过重，心血管系统承受的负荷较大，心肌收缩和舒张功能的衰退使每搏输出量下降，因而，肥胖老人的安静心率较同龄正常人增快。尤其是中心性肥胖老人，心脏周围脂肪量的增多使心脏舒张功能进一步下降，回心血量的减少更使安静心率和定量负荷运动时的心率明显增快。如果肥胖老人同时合并动脉粥样硬化，冠状动脉供血量不足，则进一步造成心脏功能不全，严重时直接威胁肥胖老年人的生命。肥胖老年人的心功能障碍是其参加体力活动时猝死的主要原因。

肥胖会增加老年人摔倒的几率。体重增加使肥胖老年人身体活动的灵活性与稳定性明显下降，身体重心前移，在体位和姿势突然发生变化时，不能及时纠正姿势和改变体位，常导致肥胖老年人跌倒。而摔倒是老年人病发的重要诱因。

肥胖会加快老年人脑功能的衰退。老年人的脑实质多有不同程度的萎缩，脑细胞数量减少，突触之间的联系逐渐下降，思维能力、记忆能力尤其是近记忆能力明显减退。肥胖老年人心血管系统病理变化的机会较大，脑动脉硬化进一步导致脑实质的血流量下降，肥胖老年人的脑功能受损是比较容易发生的。

由此看来，肥胖可以累及老年人所有系统、器官并发生明显的病理变化，长期肥胖所产生的各器官的病理变化，不仅使老年人生活质量明显降低，更重要的是，肥胖常是威胁老年人生命的重要危险因素。

4. 老年人肥胖症的运动干预

肥胖症的治疗是一个包括营养学干预、教育学干预、临床医学干预、心理学干预、运动干预等一系列综合干预的过程。我们强调运动干预，并不排斥其他干预措施。运动干预可以在专业人员的指导下，是肥胖老人自己可以实现的干预措施。目前认为，肥胖症的运动干预具有可行、经济、安全、简易的特点。适宜的运动不仅可以减少体内脂肪的堆积，还可以通过适宜的运动增强老年人的体质，改善由于肥胖而产生的一系列代谢紊乱，提高健康水平。

运动试验与筛查

肥胖老人在设计运动减肥方案时，有必要将自己的病史调查、体检结果、体质测试结果告诉医生或者健身指导专业人员，使他们了解你的健康状况和运动能力，以便制定、设计科学的减肥运动处方。

另外，肥胖老人常常伴有心脏病、高血压和糖尿病，或者处于高度的运动风险等级，所以我们建议肥胖老人在开始运动前最好到专业机构进行运动负荷试验，以了解自己的运动风险程度和确定适宜的运动强度。

王教授今年60岁，身高170厘米，体重85公斤，他不仅体重超标还有高血脂、糖尿病，所以王教授在运动减肥前进行了运动负荷试验，在测试全程中都有心电和血压的监护，以明确是否存在运动风险。王教授在跑台上以4公里/小时的速度运动时，心率为98次/分，心电、血压指标均处于正常范围，血液乳酸基本不变。而在以6公里/小时速度步行时，心率增加到120次/分，血液乳酸已经接近4毫摩尔/升（无氧运动的临界），提示在以6公里/小时速度步行时，运动的能量供应中已有部分糖的无氧酵解参与。显然这样的运动强度不适合减肥运动。因此，依据两级负荷运动试验结果，以及平时的体育锻炼的经历、喜好，王教授得到了针对性强、切实可行的运动减肥方案，为他成功减肥奠定了良好的基础。

减肥运动强度

一般老年肥胖症患者的减肥运动强度基本上处于安静心率加心率储备的20%~40%的水平，但究竟心率接近心率储备的20%，还是接近心率储备的40%，主要参考具体的测试结果。考虑到大部分老年肥胖症患者运动过程中心率的变化，4~5公里/小时的步行速度可以获得较为理想的减肥效果。老年超重和肥胖者往往运动能力都非常低，因此开始运动时以中低强度为主，逐步增加强度，当然较高强度的运动可以让老年人获得更多的健身收益。

减肥运动持续时间

减肥运动强度确定以后，减肥效果很大程度上与运动持续时间有关。

运动持续时间延长，肌肉收缩所需要的能量供应中，脂肪酸氧化所提供的能量比例逐渐提高，运动减肥的效果就会明显。运动过程中脂肪消耗多，糖的消耗就会相应减少，长时间运动过程中血糖的波动很小。运动后由于血糖比较稳定，就不会产生明显的饥饿感，进一步加强运动减肥的效果。

一般运动减肥的持续时间必须在1小时以上，如有可能，一次运动持续2小时左右（运动过程中有几次短暂的休息），可以获得较为理想的减肥效果。当然，运动持续时间也有一个循序渐进的过程，运动减肥初期，一次运动持续时间可以在1小时，适应后逐渐延长运动时间。对于老年人来说，过长的运动时间也是不适宜的。在运动后没有疲劳感，心情愉悦，睡眠质量良好，食欲正常，晨起脉搏稳定，表示这样的运动比较适宜。对于心血管系统和代谢系统已经存在慢性病理变化的肥胖老人，运动持续时间适当缩短，但至少应有1小时。可采用多次短暂的休息，以避免疲劳的产生。

运动项目选择

运动强度确定以后，运动过程中只要能保持既定的强度，运动项目的选择范围就可以很大。根据肥胖老人兴趣爱好、经济条件、健康状况和运动能力，选择简单易学的运动方式作为运动减肥的运动项目。选择强度容易控制的运动方式，如快走、游泳、固定功率自行车运动、椭圆机运动、跑台运动等。有些运动项目的强度难于保持在既定强度，如爬山、球类运动等，这样的运动方式就不太适合于老年人的运动减肥。

有些运动方式对老年人而言很难达到理想的减肥效果，如俯卧撑、仰卧起坐、跑楼梯、快速跳绳等，一则强度大，对肥胖老人有一定的运动风险，二则运动时间短暂，不利于脂肪的氧化供能。

我们提倡肥胖老人选择游泳和步行作为减肥的运动方式。肥胖老人尤其是重度以上的肥胖老人由于体重过大，长时间陆地上的运动可能对下肢关节和脊柱的负荷过大，从而产生关节损伤。游泳时水对人体产生浮力，避免体重对关节的负荷。跑台上的步行由于跑台速度可以固定，因而强度容易控制。如果肥胖老人下肢关节已有明显退行性变，可以选择在椭圆机上的运动方式，因为在椭圆机上运动时，足底不离开踏板，因而对关节并不产生冲击力，具有一定的保护作用。

交谊舞是一个很好的减肥、健身运动项目，交谊舞既是运动，又有人际交流，能达到运动时的心情愉悦。肥胖老人不宜选择快三步这一类强度很大的舞种作为健身和减肥的运动项目，应选择运动强度适宜的舞种，如慢三步、慢四步、伦巴、恰恰等。

肥胖老人不宜参加具有竞争性质或者具有竞争含义的运动项目。不宜与其他健康人进行任何意义上的比赛，因为一旦运动具有竞争意义，运动强度的控制就十分困难。

老年人运动减肥效果的评定

评定老年人运动减肥效果的指标包括身体形态指标和血液代谢指标。

体重、体脂率和BMI是评定减肥效果的最简单、最直接的形态学指标。肥胖老年人经过一段时间的运动减肥，体重降低、体脂率下降、BMI下降，并逐渐接近正常范围直至达到正常值。

老年人参加运动减肥，由于运动强度并不大，脂肪消耗的同时骨骼肌体积和重量并没有明显增加，因此，体重的下降与BMI、体脂率的下降非常一致。往往只需观察体重的变化就可以了解减肥的效果。

减肥效果不仅仅在于身体形态的变化和体重的下降，更重要的是通过运动减肥，肥胖老年人的健康状况得到明显改善。因此，血糖、血脂四项、空腹胰岛素水平和脂肪肝程度是否能得到改善，是评价肥胖老年人运动减肥效果重要的血液代谢指标。

一般经过有效的运动减肥，肥胖老年人在身体形态发生良好变化的同时，血糖稳定在正常值范围内，空腹血总胆固醇、甘油三酯和低密度脂蛋白含量下降并稳定在正常范围，高密度脂蛋白有所上升，并稳定在正常范围。脂肪肝程度缓解，逐渐趋于正常。

肥胖老年人运动减肥注意事项

肥胖老年人进行运动减肥的根本目的在于抵御慢性病侵袭、促进健康、增强体质。尽管运动减肥具有很好的减肥和促进健康的效果，但运动并不总是十全十美的。肥胖老年人不但需要运动减肥，还要学会怎样运动。运动减肥过程中必须做到强度适宜、运动项目适宜、运动持续时间适宜，同时，还应注意以下事宜。

老年人带运动手表监控生理反应

•运动安全要保证

除了在运动过程中必须严格控制运动强度，不能随意增大运动强度外，还要注意运动前做好充分的准备活动，运动后进行必要的整理活动。

正式运动前所进行的各种身体练习称为准备活动。准备活动可以预先提高体温，提高肌肉温度，降低骨骼肌的黏滞性，提高肌细胞内各种代谢酶的活性。准备活动可以提高神经系统的兴奋性，提高协调能力，提高内脏机能水平，在正式运动开始后使机体的机能动员加快。准备活动可以预防运动损伤的发生。在寒冷的冬天，在进入室外环境运动前，必须在温暖的室内做好充分的准备活动，预防运动中心血管意外的发生。人体从温暖的环境进入寒冷的环境，会产生明显的应激反应，皮肤血管大量收缩，使外周阻力突然增大，心肌收缩的后负荷突然加大，对心血管系统存在病理变化基础的高血压病、冠心病患者是一种严重的威胁。如果在室内进行充分的准备活动，人体的温度有所提高，骨骼肌血管大量开放，即使遇到寒冷的环境，皮肤血管的大量收缩不至于使外周阻力突然增大。准备活动有一定的程序，必须先热身，后拉伸，即先做充分的热身运动，然后做拉伸练习。强度由小到大。

正式运动结束后所进行的各种身体练习称为整理活动。运动过程中骨骼肌的血液供应量相对较大，通过骨骼肌的舒缩活动保证有足够的静脉回流量，以确保充足的有效循环血量。如果运动后立即停止运动，大量血液滞留在骨骼肌静脉血管中而不能及时回到有效循环中，回心血量锐减，心输出量下降，这对于心血管系统存在病理基础的肥胖老人是一种非常危险的状况。运动性猝死常发生在一些心血管慢性疾病患者剧烈运动后突然停止运动的瞬间。整理活动的强度由大到小，逐渐放松，最后也可以做一些拉伸练习。

• 合理膳食很关键

肥胖是吃出来的，虽然运动减肥可以减少体内已经堆积的脂肪，但同时又必须注意适当合理控制摄食量，防止脂肪的重新堆积。不能以为进行运动减肥就可以放开胃口吃饱吃撑。采用运动减肥达到目标体重范围后，仍应该注意营养物质合理摄入，并保持适量的体育健身运动，避免发生再肥胖。

运动减肥的一次持续时间较长，运动过程中肥胖老人可以选择多次短暂的休息，喝一些含有钾、钙等离子的运动饮料。

• 减肥速度需控制

老年人运动减肥的速度不宜过快，老年女性减肥速度控制在4周降低体重的4%～5%为宜，老年男性减肥速度控制在4周降低体重的5%～6%为宜。过快的体重降低可能会产生新的代谢紊乱，对健康不利。

如果减肥速度过慢，需要寻找原因，如是否进行了适当的饮食控制，运动强度是否适宜，运动时间是否充分等。过多的饮食控制，机体常处于饥饿状态，运动减肥的效果也会不理想。有些老年人减肥心切，运动强度过大，不利于运动中脂肪的动员和利用，减肥效果也不会理想。过分强调运动安全而采用过小的运动强度进行运动减肥，由于运动过程中能量消耗总量太少，也不会获得理想的减肥效果。

小知识

加强对肥胖老年人科学知识的普及宣传教育工作

对肥胖老年人应加强健身、养生等科学知识的普及宣传教育工作，让肥胖老年人了解什么是肥胖，肥胖发生的原因，肥胖对老年人健康的危害，目前有哪些减肥方法，各种减肥方法的优缺点比较，体育健身运动对健康的促进作用和增强体质的作用，如何合理营养，如何保持良好的心理状态等。肥胖老年人掌握了健身、养生的科学知识，就能自觉、积极地参加运动减肥，提高减肥的效果。

第十三章 饮食与减肥的奥妙

除了运动外，控制饮食是成功减肥的另一个重要基石。有人可能会问，不运动单依靠节食能瘦下来吗？还有人会遇到这样的问题，越运动越饿，越饿越吃怎么办？本章将为您揭开饮食与减肥的奥秘。

1. 饮食是每日的能量来源

我们一日三餐吃下的食物可以提供丰富的营养，满足人体的生长、发育和各种生理、体力活动的需要。成年人每日的食谱主要包括奶类、肉类、蔬菜水果和五谷四大类。奶类富含蛋白质、钙质，可强健骨骼和牙齿；肉类、家禽、水产、蛋类、豆及豆制品等含丰富的蛋白质、脂肪，可促进人体新陈代谢，增强抵抗力；蔬菜、水果类含丰富的矿物质、维生素和纤维素，增强人体抵抗力，畅通肠胃；米、面等谷物主要含淀粉，即糖类物质，主要为人体提供热能，满足日常活动所需。

合理适量的膳食结合身体锻炼是改善人们的健康状况，减少慢性疾病的发病危险和显著减肥的最佳方法。那么，每天吃多少食物叫适量呢？中国营养学会推荐成年男子平均能量摄入量是2500千卡，成年女子平均能量摄入量是2100千卡。不同人群的推荐摄入量还要根据职业劳动强度和年龄而有所区别。

中国成年人每日膳食能量推荐值表（千卡/天）

18～49岁	男	女
轻体力活动	2400	2100
中体力活动	2700	2300
重体力活动	3200	2700
50～59岁		
轻体力活动	2300	1900
中体力活动	2600	2000
重体力活动	3100	2200
60～69岁		
轻体力活动	1900	1800
中体力活动	2200	2000
70岁～		
轻体力活动	1900	1700
中体力活动	2100	1900

（来源：中国居民膳食指南）

我们每日从食物中获取的能量主要来源于三类供能物质，分别是碳水化合物（糖类）、蛋白质和脂肪。一般情况下机体首先是由糖类供能，当糖不充足或者糖代谢发生障碍时，由脂肪供能，脂肪不足时就消耗蛋白质，所以体内供能是按顺序进行的。三类供能物质的供能比例和食物来源见下表。

三类营养物的供能比例和食物来源表

营养成分	提供的能量（千卡/克）	食物来源	供能比例
碳水化合物	4	砂糖、米、面	总热量的50%～55%
蛋白质	4	鸡蛋、牛奶、家禽	总热量的15%～20%
脂肪	9	油、黄油、内脏、肉	总热量的25%～30%

2. 好脂肪　坏脂肪

第一章我们提到，脂肪从严格意义上讲，应该叫“甘油三酯”，是由一分子甘油和三分子的脂肪酸构成的，这些脂肪大部分分布在皮下、肠、肝脏、肾脏的周围，是以大块的脂肪形式存在的`，如果这部分脂肪摄入储存过多，不仅形成肥胖体型，还会对健康造成损害。

此外，身体里还有另外形式的脂肪，如胆固醇和磷脂。胆固醇是很多重要物质的原料，比如细胞膜、雌激素、雄激素、肾上腺皮质激素等，还有帮助我们消化的胆汁。但是，如果胆固醇摄入过多，在体内积聚，就和我们所说的“高脂血症”等疾病相关联，好固醇变成了坏固醇。而磷脂对我们的健康机体非常重要，其中大名鼎鼎的“卵磷脂”存在于细胞里，犹如细胞的门卫，调控着什么营养可以进入细胞，什么营养不可以进入细胞，以维持新陈代谢的进行。由此可见，脂肪是维持机体健康不可缺少的物质，不能不吃，也不能多吃。合理进食脂肪，积极发挥脂肪的好作用，严格控制其不良作用。

3. 肥胖人群的饮食控制

减重膳食构成的基本原则为低能量、低脂肪、适量优质蛋白质、适量碳水化合物（如谷类），增加新鲜蔬菜和水果在膳食中的比重（参考《中国成人超重和肥胖症预防控制指南》）。

减少热量的供给要采取递减的方法。正常的减肥速度是一个月内体重下降2～3公斤，不应速度过快，以免引起生理上的不良反应。若达到每周能降低体重0.5公斤的目标，最好使其每天膳食中的热量比原来日常水平减少约1/3，这是一个重要的步骤。低能量减重膳食一般设计为女性1000～1200千卡/天，男性1200～1600千卡/天，或比原来习惯摄入的能量低300～500千卡。避免用极低能量膳食（即能量总摄入量低于每天800千卡的膳食），如有需要，应在医护人员的严密观察下进行。

减少总的食物摄取量时，也要相应减少谷类主食量，但不能不吃。对含淀粉过多和极甜的食物，如马铃薯、红薯、果酱、糖果、蜜饯等尽量少用或不用。主食最好粗杂粮混用，如小米、玉米、燕麦片、黑米和杂豆等。

误区

“不吃粮食就能成功减肥。”

不要认为限食就是单纯限制谷类主食量，不吃或少食谷类主食的观点和做法是不可取的。谷类中的淀粉是复杂的碳水化合物，有维持血糖水平的作用，这样不会使进食后血糖升高太快，也不会导致很快出现低血糖。低血糖会导致饥饿感而使进食的食物量加大。富含淀粉的谷类食物也富含膳食纤维，对降低血脂和预防癌症也有一定好处。减少总的食物摄取量时，也要相应减少谷类主食量，但不要减少谷类食物占食物总量的比例。

脂肪的摄入过多往往是肥胖者热能摄入过高的原因之一，因此要严格限制脂肪。对于含脂肪高的食物，如黄油、奶油、肥肉、内脏及油煎炸食物，减肥阶段应禁用，体重恢复后也要节制。

适当提高蛋白质的摄入量。适当注意选择一些富含优质蛋白质（如瘦肉、鱼、蛋白和豆类）的食物。优质蛋白质含必需氨基酸较多，适量优质蛋白质可以与谷类等植物蛋白质的氨基酸起互补作用，提高植物蛋白质的营养价值。在能量负平衡时，摄入足够蛋白质可以减少人体肌肉等瘦组织中的蛋白质被动员作为能量而被消耗。

多食用新鲜蔬菜水果，以增加维生素、矿物质和膳食纤维。为减少饮食控制带来的饥饿感，可在正餐中增加蔬菜量，或者两餐之间加含水分多、糖分少的水果或生菜（如西红柿、黄瓜），这样可以增加饱腹感。

尤其要改变不良的饮食习惯，应注意做到以下几点：

- **一日三餐定时定量：**肥胖的人往往食欲亢进，要防止饮食过量，就不能一有饿感就吃，一吃到饱方罢休。一日三餐定时定量，自我控制是防止饮食过量的有效办法。

- **晚餐要少，不吃夜宵：**俗话说“早餐要饱，午餐要好，晚餐要少”，其中“晚餐要少”对于减肥防胖特别重要。如果晚餐过饱或夜间又吃夜宵，食物转化的能量不能完全消耗，就会在体内皮下脂肪中储存起来导致发胖。

- **少吃零食：**很多女青年对自己一日三餐的饭量控制得很严格，但对于吃零食却毫无顾忌，结果还是吃胖了。吃零食虽然不会比正餐多，但更容易发胖。例如，你边吃花生边看电视，两把花生就有805千卡的热量，几乎等于三碗饭。因此，要想减肥防胖，要具有抵御美食诱惑的毅力，必须改变爱吃零食的习惯。

- **控制进食速度：**进食速度过快往往也是发胖的一个原因。如果放慢进食速度，可争取时间使血糖上升，并通过神经反射及时出现饱感，从而控制食欲。另外，与人共餐时，控制食速还可避免因出于礼貌不便过早退席而导致的饮食过量。

误区

“单纯节食能成功减肥。”

单独控制饮食时虽可降低总体重，但除脂肪组织减少外，肌肉等去脂体质(Fat Free Mass, FFM)也会丢失，静息代谢率(Resting Metabolic Rate, RMR)也可能降低，使机体的基础能量需要减少，即可在低水平上建立新的能量平衡，使机体储存脂肪的消耗也较少；因此，单纯限制饮食使体重下降到一定水平后，体重下降的速度减慢或不再下降。如果要使体重维持在已降低的较低水平或使体重进一步降低，需要摄入能量更低的膳食，而极低能量膳食中的营养素往往不能满足需要，对健康有损害。体重的频繁波动有害于健康。在维持能量负平衡的条件下，通过体力活动和运动能维持RMR不降低或降低较少，能消耗更多体脂，并多保留FFM，适当控制饮食加体力活动有利于长期保持减重后体重不反弹。

本书制作了运动和食物能量转换表，运动方式选择了最常见的步行和跑步，食物种类选择了十种食物，从下表中可以得知一份食物的摄入能量等同于运动的时间。反之，还可以知道以不同的速度持续步行或跑步60分钟的情况下，消耗的能量相当于多少克常见食物所能提供的能量。通过查询数据表，就能根据能量摄入情况，设计自己的能量支出方案，以达到控制体重的目的。

男性运动60分钟消耗的能量相当于常见食物的摄入量（克）对照表

食物重量（g）	散步 2.5km/h	步行 4.5km/h	步行 6km/h	快步走 6.5km/h	慢跑 8km/h	跑步 8.8km/h
奶酪	64	94	124	136	180	209
酸奶	290	426	565	621	819	950
牛奶	387	569	754	828	1093	1267
猪肉（肥）	26	38	50	55	72	84
猪肉（里脊）	135	198	263	288	381	441
色拉油	23	34	45	50	66	76
蛋糕	60	88	117	129	170	197
标准粉	61	89	118	130	172	199
米饭（蒸，粳米）	179	262	348	382	504	585
方便面	44	65	86	95	125	145

女性运动60分钟消耗的能量相当于常见食物的摄入量（克）对照表

食物重量（g）	散步 2.5km/h	步行 4.5km/h	步行 6km/h	快步走 6.5km/h	慢跑 8km/h	跑步 8.8km/h
奶酪	45	75	105	117	161	190
酸奶	204	340	479	535	735	865
牛奶	272	454	639	713	980	1154
猪肉（肥）	18	30	42	47	65	76
猪肉（里脊）	95	158	223	248	341	402
色拉油	16	27	38	43	59	69
蛋糕	42	71	99	111	152	180
标准粉	43	71	100	112	154	181
米饭（蒸，粳米）	126	209	295	329	452	532
方便面	31	52	73	82	112	132

4. 为什么运动后有些人会饥饿感增加，食欲大增，而有些人会食欲不振？

我们的大脑以葡萄糖为主要能量来源，随时需要有足够的葡萄糖来供应脑细胞的能量需求。大脑为了确保有足够的葡萄糖来源，脑内有葡萄糖敏感神经元感应血糖的高低。血糖够了就不想要进食，一旦血糖低到对生命有威胁，会有短期的、急迫性的进食欲望，此为食欲的葡萄糖平衡理论。

正常人血糖的浓度基础值在80～100毫克/公升。低于基础值5%以上，且持续5分钟以上就会刺激进食。减肥健身的运动强度多为中等强度，长时间运动时，血糖大量消耗，很可能会低于基础值而想吃东西，这也是运动后食欲大开的原因。

与以上情况相反，有些人在较大强度运动如激烈的球类比赛、较大负荷的力量训练后反而会食欲不振。这是因为剧烈运动产生乳酸，会促进胰脏α细胞分泌胰高血糖素，使血糖升高而没有胃口。再加上运动促进肾上腺素分泌，以及运动的压力增加促肾上腺皮质激素的分泌，都会抑制食欲，紧接着用餐自然就会吃得少。若等休息1～2小时后再吃，激素水平恢复了，胃口就大开了。

5. 运动与饮食巧搭配　提高减肥效果

减肥者在运动期间的饮食需要进行总量控制，保证优质蛋白质和适量脂肪摄入量，增加蔬菜摄入量，保证适量水果和主食摄入量。调整三餐膳食习惯，做到进食时间固定、规律，增加早餐能量供给量，减少晚餐能量摄入量，甚至多餐少吃。

•运动前的科学饮食

在锻炼之前，你吃下去的食物是为了提供能量，它会让你的“油箱”加满，提升大脑能量并专注于锻炼。此外，合理搭配好饮食还可以帮助抵消运动产生的强烈饥饿感，避免运动后暴饮暴食。运动前一餐吃些有营养、富含蛋白质的食物，还可以多吃些富含纤维的蔬菜，研究表明植物纤维能吸附大量的水分，在胃部产生饱腹感，本身又不被胃肠酶类分解，属于低热量食物。

如果减肥运动的时间较长（超过1小时），建议在运动前30分钟吃一些香蕉、坚果和麦片，避免运动中出现低血糖。

• 运动中要怎么吃？

一般减肥运动中不需要补充食物，只是注意要适当补水，特别是在室外温度较高的情况下更需要及时地补充水分，每20分钟补水150～200毫升。

如果运动时间长于1小时，必须要在运动中补充一些糖分，预防低血糖等现象的发生。可以补充香蕉、运动饮料等。除了瑜伽、气功等有特殊要求的运动外，切勿空腹运动。

• 运动后什么时间吃？吃什么？吃多少？

运动时，由于血液多集中于四肢肌肉和呼吸系统等处，而消化器官血液相对要少，消化吸收能力差，运动后，需要经过一段时间调整，消化吸收功能才能逐渐恢复。因此，运动后间隔1小时以上再进食，如果运动强度较大，则间隔时间适当延长。

鸡蛋、牛奶这类优良蛋白质来源的食物，则很适合在运动后食用，1颗水煮鸡蛋加上1小把坚果杏仁，就可以帮助肌肉增长；低脂又有丰富营养的鸡胸肉也是很好的选择。此外，喝一杯低脂牛奶或酸奶也可以达到抑制饥饿感的效果，避免运动后暴饮暴食。

• 运动后不吃饭行不行？

运动后若不进食，疲惫感增加，不利于机体恢复。如果运动后都不吃任何食物，第二天可能会感觉非常疲倦，甚至精神无法集中、肌肉酸痛，不利健康。运动后补充蛋白质和少量碳水化合物能快速恢复体能和修复损伤的组织。减肥者运动后可选择升糖指数较低的食物，如全麦吐司、苹果、豆干、肉干、坚果等。乳清蛋白可以延长消化时间不易感觉饥饿，需要时也可以考虑。

图书在版编目(CIP)数据

科学运动 健康减肥 / 国家体育总局编. -北京：人民体育出版社，2017(2018.11.重印)

ISBN 978-7-5009-5102-5

Ⅰ. ①科… Ⅱ. ①国… Ⅲ. ①健身运动-基本知识 ②减肥-基本知识 Ⅳ. ①G831.3②R161

中国版本图书馆 CIP 数据核字(2016)第 316835 号

*

人民体育出版社出版发行
三河兴达印务有限公司印刷
新华书店经销

*

787×960 16 开本 9.5 印张 160 千字
2017 年 8 月第 1 版 2018 年 11 月第 2 次印刷
印数:5,001—10,160 册

*

ISBN 978-7-5009-5102-5
定价:45.00 元

社址：北京市东城区体育馆路 8 号（天坛公园东门）
电话：67151482（发行部） 邮编：100061
传真：67151483 邮购：67118491
网址：www.sportspublish.cn
（购买本社图书，如遇有缺损页可与发行部联系）